방황의 끝에서 만난 빛 이태석리더십

저 자 와
협의하여
인지 생략

방황의 끝에서 만난 빛
이태석리더십

엮은이 | 구진성 외
펴낸이 | 一庚 張少任
펴낸곳 | 답게
초판 인쇄 | 2025년 11월 10일
초판 발행 | 2025년 11월 15일
등 록 | 1990년 2월 28일, 제 21-140호
주 소 | 04975 서울특별시 광진구 천호대로 698 진달래빌딩 502호
전 화 | (편집) 02)469-0464, 02)462-0464
         (영업) 02)463-0464, 02)498-0464
팩 스 | 02)498-0463
홈페이지 | www.dapgae.co.kr
e-mail | dapgae@gmail.com, dapgae@korea.com
ISBN 978-89-7574-377-1
ⓒ 2025, 구진성 외
나답게·우리답게·책답게

* 책값은 뒤표지에 있습니다.
* 잘못 만들어진 책은 구입하신 서점에서 교환해 드립니다.
* 본문에 사용한 이미지 저작권은 구진성에게 있습니다.

십대 청소년들의 소중한 경험과 희망이 담겨 있는 진솔한 이야기
순수한 마음으로 세상을 바라보고, 사랑과 용기를 배운 이들의 이야기

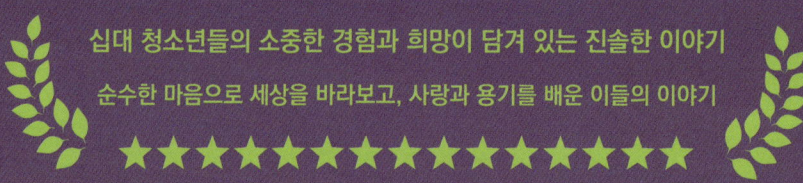

방황의 끝에서 만난 빛
이태석리더십

엮은이 **구진성 외**

도서출판 답게

차례

책을 발간하며

구진성 이태석리더십아카데미 대표
나는 왜 이 길을 가는가? ······ 8

축사

구수환 (사)이태석재단 이사장
꿈은 이루어집니다 ······ 28

올레 토렐 (Olle Thorell) 스웨덴 5선 의원
My Journey with the Lee Tae Seok Foundation ······ 30

구교산 (사)이태석재단 미주지부장
이태석글로벌리더십 1기를 마무리하며 ······ 38

장성례 (사)이태석재단 광주-전남 후원회장
세계시민으로서의 리더십을 배우다 ······ 52

정경미 (사)이태석재단 광주-전남 지부장
살아 꿈틀대는 감동 교육, 그 맨 앞 이름 이태석글로벌리더십스쿨 ······ 55

소감문

고도연 우석대학교 1학년
이태석글로벌리더십스쿨에 대한 소감문 ······ 60

김강민 충남고등학교 2학년
이태석글로벌리더십스쿨 소감문 ······ 74

김소담 인천국제고등학교 3학년
이태석글로벌리더십스쿨 소감문 ······ 85

김유리 담양솔가람고등학교 2학년
스웨덴에서의 빛나는 여정, 리더십과 성장의 이야기 ······ 96

김창겸 김해제일고등학교 1학년
이태석글로벌리더십스쿨 소감문 ······ 102

박경원 삼각산 고등학교 2학년
그럼에도 불구하고 ······ 106

박찬하 별무리학교 2학년
이태석글로벌리더십스쿨 소감문 ······ 116

방수연 동작고등학교 2학년
이태석 신부님의 발자취를 따라 ······ 129

송수아 별무리학교 3학년
세계 속의 리더로 성장하다: 스웨덴에서의 배움과 깨달음 ·················· 139

오하랑 경남항공고등학교 2학년
이태석글로벌리더십스쿨을 다녀오고 많은 것을 느꼈다 ················· 148

윤예림 예림디자인고등학교 2학년
이태석글로벌리더십스쿨 소감문 ···························· 152

이서윤 나주고등학교 1학년
이태석글로벌리더십스쿨 소감문 ···························· 160

장관영 경남고등학교 2학년
한여름 밤의 꿈 ························· 169

장유정 함열여자고등학교 3학년
이태석글로벌리더십스쿨 그리고 나 ························ 184

정은율 영일고등학교 1학년
이태석글로벌리더십스쿨을 다녀오고 나서 ······················ 192

조은별 이화여자대학교 1학년
이태석글로벌리더십스쿨 소감문 ···························· 195

최서영 금호중앙여자고등학교 2학년
이태석글로벌리더십스쿨 소감문 ···························· 214

최준영 별무리학교 2학년
스웨덴 Bommersvik, 뜻깊었던 배움의 장소 ····················· 230

Bohdana Sokoliuk Taras Shevchenko University LL.B of Laws
The Lee Tae Seok Global Leadership School and My Homeland, Ukraine 244

Daria Volovyk Göthenburg University
Reflection on the Lee Tae Seok Global Leadership School ·············· 252

Kateryna Untilova University of Malmö
After Attending the Lee Tae Seok Global Leadership School ············ 263

Kyrylo Syzonenko Donbas, Ukraine
The Heart of Ukraine Has Started Beating Again! ···················· 271

Viktoriia Antiuk Utrecht University
Encounter with Korean Students ···························· 278

| 책을 발간하며 |

나는 왜 이 길을 가는가?

구진성
이태석리더십아카데미 대표
(사)이태석재단 상임이사

 학생들에게 이태석리더십을 강의할 때마다 '평범하게 살아오신 분이 왜 다 늦게 이렇게 힘든 길을 가세요?' 라는 질문을 받는다. 그 질문에 대한 내 답변은 늘 이랬다.
 '전혀 힘들지 않아, 오히려 행복해!
 그런데, 정말 나는 왜 이제서야 이 어려운 길을 가는 걸까?'

 청소년기는 요동치는 시기이다. 자아가 형성되고 있다 해도 아직 미성숙하고, 세상을 이해하기에는 지식과 경험이 부족해서 혼란스럽고, 미래를 준비하기에는 능력이 부족하다. 교육전문가는 아니지만 총 6기에 걸쳐 160명의 졸업생을 배출한 이태석리더십스쿨을 운영하면서 만난 학생들 역시 불안하고 흔들리는 시기를 보내고 있었다. 하지만, 그들은 프로그램이 진행되면서 자신을 돌아보게 되었고, 다른 이의 사연에 공감할 기회를 얻었고, 훌륭한 분들로부터 어떻게 사는 것이 가치 있는 것인지 배웠다. 운영자인 나 또한 그들로부터 많은 것을 배웠다. 요즘 청소년들은 어떤 게 고민인지, 어떤 것을 원하는지 등을 듣게 되면서 다음 세대에게 전할 메시지는 무엇이어야 하는지, 그걸 어떻게 전해야 하는지 등. 결국 이태석리더십스쿨은 그들에게 앞날을 가슴 펴고 맞이할 수 있는 힘을 주었고, 내게는 삶을 가치 있게 꾸려갈 혜안을 주었다!

많은 이들이 좋아하는 영화 '포레스트 검프'. 그 영화에서 가장 기억에 남는 장면을 꼽으라면 갑자기 달리기를 멈춘 포레스트와 그를 바라보던 추종자들의 얼얼한 표정이다. 사랑하는 제니를 잃고 마음의 고통을 어떻게 해야 할지 몰라서 무작정 뛰기 시작한 포레스트는 요동치던 마음이 진정되자 갑자기 달리기를 멈춘다. 'I'm pretty tired. I think I'll go home now.' 라는 대사만을 남기고. 하지만, 그를 영적 지도자로 믿고 따라 달리던 추종자들은 집으로 가겠다는 그를 보고 당황해서 어쩔 줄 몰라 한다. 그들은 포레스트가 내면에 어떤 고통을 느끼는지 알기보다 자기들이 만든 허상에 단지 포레스트를 대입했던 것이다. 그 허상이 자기들 생각과 다른 길을 갈 때 이제껏 우상처럼 따르던 지도자는 순식간에 비난과 성토의 대상이 되어버린다.

우리는 허상의 숲에서 산다. 현실과 가상의 세계를 구분하지 못하고, 우연과 필연을 혼동하며, 주관의 세계에서 벗어나지 못한다. 인터넷으로 전 세계가 동시간으로 소통함으로써 이러한 허상들은 더 많이, 더 강력하게 나타난다. 콩나물시루 같은 지하철 출근길에서도 유명인들의 자동차를 검색하고, 잠들기 전까지 TV나 유튜브를 시청하면서 하루를 마무리한다. '저녁이 있는 삶', '욜로(You Only Live Once)', '내일을 위한 충전'이라며 그런 시간들을 합리화하지만, 진정 내일을 위한 충전은 하지 않는 것 같다. 그런 삶이 과연 행복한지에 대한 성찰은 접어두고서라도 지금의 현실보다 더 풍요한 내일을 원한다면 피곤해도 공부하고 체험하고 배워야 함에도 불구하고 과연 얼마나 많은 사람들이 그렇게 하루를 보낼까? 노력 없이 일확천금을 바라는 사람은 평생 허상의 숲에서 벗어날 수 없음을 깨달아야 한다.

한국의 사망원인 가운데 5위는 고의적 자해(자살)[1]이다. 하지만, 연령대로 구분해 보면 상황이 훨씬 심각하다. 10세부터 49세까지의 경우 고의적 자해(자살)가 사망원인 1위이기 때문이다. 이는 전 세계에서 가장 높은 수준인데, 한강의 기적이라며 경제적 성공을 이룬 한국에서 도대체 왜 이런 일이 일어나고 있는 것일까?

이태석글로벌리더십스쿨 신청 학생들에게 시작 전 행복이 무엇인지 물어보면 대답이 한결같았다. '자신이 하고 싶은 것을 하면서 사는 것'이라고. 얼핏 보면 제대로 답한 것 같지만, 왜 답변이 한결같을까 생각해보면, 암기식 교육의 폐해와 정답을 말해야 한다는 강박관념이 모든 학생들에게 심어져 있는 것 같아서 섬뜩했다. 행복의 개념조차 입시 문제 준비하듯 외운 학생들을 어떻게 변화시킬지가 내 과제가 되었다. 또 토론과 발표시간에 침묵하는 학생들이 너무 많았다. 겸손해서인지 '모난 돌이 정 맞는다'는 것을 잘 알기 때문인지는 모르겠으나, 발표하는 학생은 계속 발표하고, 침묵하는 학생은 계속 침묵했다. 침묵하는 학생들이 입을 열고 자신감을 갖게 하는 것 또한 중요한 과제가 되었다. 학생들은 마음 속의 상처는 드러내지 못해서 점점 곪아가고, 겉모습은 연예인처럼 멋지게 보이고자 하면서 속은 썩어가고, 사실은 겉만 멀쩡한 인생을 사는 게 아닐까 걱정되었다. 어쩌면 이런 이유로 청소년 자살률이 그토록 높은 게 아닐까?

케네스 폴스룬드 국회부의장의 전폭적인 지지를 이끌어 냄

이태석글로벌리더십스쿨은 훌륭한 리더를 육성하겠다는 ㈔이태석재단 구수환 이사장의 소신과 비전으로 출발했다. 지금 우리 사회가 필요로 하는 리더십은 이태석 신부가 보여준 섬김의 리더십이기에 프로그램 이름을 '이태석글로벌리더십스쿨'로 정했다. 하지만 현실은 한심했다. 나를 포함한 주변의 그 어떤 이도 리더십이나 교육 관련 전문가는 없었고, 일할 사람조차 턱없이 부족했다. 청소년 교육프로그램을 어떻게 운용해야 하는지 도움 받기 위해 전문가들을 수소문해 찾아가 보았지만 훌륭한 리더를 육성하겠다는 목표만 가진 내가 한심해 보였는지 그들이 들려주는 이야기는 내게 전혀 도움이 되지 않았다. 아니 어쩌면 내가 그분들의 조언을 이해할 수준이 못 되었기 때문이었는지도 모른다. 개교목표로 삼은 날짜가 다가올수록 조바심에 한밤중에도 식은땀이 나고, 괄약근이 수시로 조여들며, 그동안 왜 이따위로 살아왔는지 내 삶이 한심하여 공연히 열불이 났다.

하지만, 그럴 때마다 내게 힘이 되어준 두 존재가 있었다. 하나는 나의 부모님이다. 돌아가신 지 23년이 지났지만 아버지는 바름과 곧음을 가르쳐 주셨고, 92세가 되셨으나 여전히 자식 걱정에 당신 힘든 것은 생각지 않으시는 어머니는 따뜻함과 공생을 가르쳐 주셨다. 두 분의 인생은 내게 절대적인 모범이고, 내 DNA의 원천이기에 힘들 때마다 두 분을 생각했고, 그럴 때마다 다시 힘을 얻었다.

또 하나는 바로 이태석 신부이다. 일면식도 없는 분이지만 오랜 세월 함께 한 것만 같은 분이다. 구수환 이사장이 만든 영화 '울지마 톤즈'와 '부활'을 수도 없이 보았기에 가끔은 그 분이 선종하셨다는 사실조차 잊고 헷갈릴 때가 있을 정도다. 결정하기 어려운 문제를 앞에 두고 '만약 그분이라면 어떤 결정을 내릴까?'라고 상상해보면 항상 큰 지혜를 얻을 수 있었다. 그렇게 내린 결정은 항상 올바른 방향이었다. 내게 마음의 힘이 되어준 부모님과 지혜를 준 이태석 신부가 있었기에 '무'에서 '유'를 만들어갈 수 있었던 것 같다.

하지만, 여전히 현실적인 문제들이 산더미였다. 교육의 대상을 누구로 할 것인지를 두고 많은 논란이 있었다. 논의 끝에 고등학생을 대상으로 했지만 어떤 학생들을 대상으로 할지도 결정해야 했다. 최고의 강사진과 최고의 프로그램을 제공하겠다고 생각하니 자연스레 최고의 학생들을 선발해야 되지 않겠냐는 얘기가 나왔다. '최고의 학생? 공부 잘하고 모범적인 학생을 선발해야 하나?' 하지만 혼란스러웠다. '이태석글로벌리더십스쿨은 예비 엘리트들을 선발해서 더 강한 엘리트로 육성하는 곳이어야 하나? 아니면…?' 그때 '이태석 신부라면 어떻게 하실까?'라고 질문해보았다. 그러자 답이 나왔다.

'최고의 학생들을 선발하는 게 아니라 도움이 필요한 학생들을 선발해서 최고의 학생들을 만드는 것이 이태석글로벌리더십스쿨이어야 한다고!'

이렇게 이태석글로벌리더십스쿨은 2023년 문을 열었다. 한국을 비롯하여 미국, 스웨덴, 덴마크에서 강사분들을 모셨다. 강사들을 섭외할 때 중요한 기준 가운데 하나는 사랑과 섬김의 리더십을 오랜 세월 실천하셨는지 여부다. 강사로 선정된 분들은 서로 분야는 다르지만 삶의 방향은 항상 인간을 향했고, 사는 방식은 달라도 그분들의 삶이 던지는 메시지는 이태석리더십과 놀라울 만큼 닮았다. 타인의 아픔에 대한 공감능력이 뛰어나고, 진정성 있고, 이타적이며, 그 모든 신념을 실천하며 사는 분들이다. 까다로운 선발과정(?)을 거친 것이 오히려 죄송했다. 강사분들은 이후에 이태석재단의 큰 후원자가 되어 2025년 시작한 이태석글로벌리더십스쿨에 큰 도움을 주었다.

    이태석글로벌리더십스쿨은 스웨덴 5선 의원인 올레 토렐 의원의 협조로 스웨덴 현대정치의 산실인 봄메르스빅에서 열렸다. 한국에서 선발된 학생들과 스웨덴에서 난민생활을 하는 우크라이나 학생들 가운데 선발된 학생들은 정치학교 성격의 이 프로그램에서 국제 현안들과 올바른 리더십에 대해 함께 공부했다. 스웨덴의 국회부의장, 국회의원 등 현직 정치인들은 러시아-우크라이나 전쟁 등 국제적인 현안을 어떻게 다루어야 하는지 알려주었고, 덴마크, 우크라이나의 사회활동가들은 인간을 향한 따뜻한 마음을 어떻게 전달해야 하는지 알려주었다. 프로그램 시작 때 마음이 닫혀 있어서 말하지 않던 우크라이나 학생들은 이태석재단이 전쟁 발발 이후 우크라이나의 난민들과 고아들을 후원해온 사실을 알고 크게 감사해 했으며, 한국 학생들과 친해지면서는 마음도 열기 시작했다. 강의는 봄메르스빅뿐만 아니라 스웨덴 의회 건물에서도 진행되었다.

모든 강의가 큰 감동을 주었는데, 그 가운데서도 가장 큰 감동의 순간은 우크라이나 전쟁 피해를 담은 영상이 틀어진 순간이었다. 파괴된 도시에서 떠나 온 우크라이나 학생이 자기 고향을 차마 보지 못하고 울기 시작하자 학생들이 여기저기서 훌쩍거렸으며, 서로 어깨를 감싸안고 위로하기 시작했다. 강의는 끝났지만 프로그램이 끝난 밤 시간에도 학생들은 모두 모여 서로를 위로하고 앞으로 어떻게 살 것인지 얘기를 나누었다. 진정으로 타인의 고통에 공감하고, 그 고통을 함께하는 것을 체험한 순간이었다. 이후 학생들은 마치 오랜 친구처럼 친해졌고, 향후 봉사활동 계획을 세우는 프로젝트인 '임팩트 랩'[2] 역시 기대했던 것보다 훨씬 잘 진행되었다.

이번에 이태석글로벌리더십을 졸업한 학생들이 보여준 따뜻함과 서로 간의 우의는 프로그램이 끝난 후에도 계속되고 있다. 임팩트 랩에서 최종 선택된 봉사계획들은 우크라이나 전쟁고아들과 전쟁 트라우마를 겪고 있는 학생들에게 전해지고 있으며, 앞으로도 더 많은 청소년들이 참여하여 확대될 계획이다. 우려 속에서 시작된 이태석글로벌리더십스쿨은 처음의 우려와 달리 한국뿐만 아니라 우크라이나 청소년들에게까지 영향을 미쳤고, 이후 남수단, 스웨덴, 미국 등 더 많은 나라의 청소년들에게 이태석리더십을 알리는 장이 될 것으로 기대한다.

이에 이번 이태석글로벌리더십스쿨 졸업생들이 과정을 이수하면서 어떻게 변해갔는지 많은 분들과 공유하고자 이 책을 출간하게 되었다. 학생들의 글이 세련되고 정제되었다고 할 수는 없어도, 그들이 요동치는 청소년기에 어떤 경험들을 했고 어떤 미래 비전을 가지게 되었는지 솔직한 심정을 쓴 글들이기 때문에 그들의 마음을 헤아리며 읽어주시길 부탁드린다. 포레스트가 왜 달리기 시작했고 왜 멈추었는지를 헤아리는 심정으로. 이들이 밝고 건강하고 이타적일 때 우리의 미래도 밝고 건강하고 서로를 위하게 된다.

스웨덴 민주정치의 초석을 쌓은 타게 엘란데르 총리 초상화

학생들은 프로그램을 마치면 항상 내게 밝은 얼굴로 인사한다. '제 얘기 잘 들어주셔서 감사하고, 앞으로 이태석리더십을 실

천하며 살겠다!'고. 학생들의 인사는 세상 그 어떤 찬사보다 내 가슴을 뛰게 하고, 그 어떤 선물보다 값어치가 있다. 아마 그런 이유로 나는 이 길을 가는건지 모르겠다. 평범했던 삶을 살아온 내가 그 삶의 종착지에 가까워질수록 허무함과 공허감이 커졌으나, 남을 위한 삶을 살게 되면서 오히려 보람차고 뿌듯한 하루하루를 보내고 있으니, 삶은 참 희한하기만 하다. 몸이 편할수록 정신은 약해지고, 부귀영화를 누릴수록 점점 불행해진다는데, 이태석재단 일을 하면서는 몸이 힘들수록 지혜가 생겨나고, 남을 위한 삶을 살수록 내가 더 행복해지니 말이다.

결국, 난 앞으로도 지금 이 길을 계속 걸으려 한다. 늦게라도 이런 길을 걷게 되어서 정말 감사할 따름이다.

'삶은 행복입니다!'

이태석글로벌리더십스쿨을 성공리에 운영하게 해준 (사)이태석재단 후원자 분들에게 진심으로 감사드린다. 아울러, (사)이태석재단의 구수환 이사장을 비롯, 재단 관계자 분들, 지부장님들, 구교산 미주지부장에게도 마음에서 우러나오는 감사의 인사를 전한다.

1) 2023년 통계청 자료
2) 임팩트 랩 (Impact Lab)이란 원래 사회 경제적 분야에 영향 (impact)를 줄 수 있는 실험적 (lab) 프로그램을 의미하나 실제로는 기업,교육,문화 등 다양한 분야에서 다양한 방식으로 사용되고 있음

| Upon publishing this book |

Why I Walk This Path

Jinsung Ku
President, Lee Tae Seok Leadership Academy
Senior Executive Director, The Lee Tae Seok Foundation

Whenever I lecture on Lee Tae Seok Leadership, students often ask me, "You have lived such an ordinary life. Why do you now choose such a difficult path?" My answer has always been…

"It is not difficult at all. I am rather happy."
But sometimes I ask myself, why am I walking this hard road only now?

Adolescence is a turbulent period. Even if one's identity has begun to form, it is still immature. Young people lack enough knowledge and experience to understand the world, and they do not yet have the ability to prepare for the future. I am not an education expert, but through running the Lee Tae Seok Leadership School, which has produced six classes and 160 graduates, I met many students who were spending such confusing and unstable times. However, as the program went on, they began to look back on themselves, had chances to empathize with the stories of others, and learned from great people what it means to live a valuable life. As the one operating the school, I too learned many things from them—what worries today's youth have, what they wish for, and what kind of message I should deliver to the next generation, and how. In the end the Lee Tae Seok Leadership School gave them the strength to open their hearts to the future, and gave me the insight to live my life with value.

Many people love the film Forrest Gump. The scene I remember most is when Forrest suddenly stops running, and his followers stare at him with blank faces. Forrest, who had lost his beloved Jenny and did not know how to handle his pain, started running without a plan. When his restless heart finally calmed down, he stopped and said, "I'm pretty tired. I think I'll go home now." Those who followed him as if he were a spiritual leader were confused. They had not understood what kind of pain he had felt inside; instead, they projected their own illusions onto him. When the image they had built no longer matched his path, the person they once worshipped quickly became the target of criticism.

We live in a forest of illusions. We fail to distinguish between reality and the virtual world, confuse coincidence with destiny, and cannot escape from our own subjective world. Because the entire world communicates in real time through the internet, these illusions appear more frequently and more strongly. Even on a crowded subway during the morning commute, people search for photos of celebrities' luxury cars; before going to sleep, they finish their day watching TV or YouTube. They justify it by saying "a life with evenings," "YOLO (You Only Live Once)," or "recharging for tomorrow," but in fact, few people truly recharge for tomorrow. Even setting aside the question of whether such lives are truly happy, if we want a better tomorrow than today, we must study, experience, and learn, even when tired. Yet how many people spend their days that way? Those who wish for sudden wealth without effort must realize they will never escape from the forest of illusion.

Among the causes of death in Korea, intentional self-harm (suicide) ranks fifth. But when divided by age, the situation is far more serious. For those aged 10 to 49, suicide is the number one cause of death. This is one of the highest rates in the world. Why is this happening in Korea, a country praised for achieving the "Miracle on the Han River"?

When we ask students who apply to the Lee Tae Seok Leadership School what happiness means, their answers are almost identical: "Living while doing what I want." At first, it seems like a good answer, but when I think about why every answer sounds the same, it feels chilling. It shows how rote learning and the pressure to always give the "correct answer" have been deeply planted in their minds. Even during discussion sessions, many students stayed silent. Whether from modesty or from fear that "the nail that sticks out gets hammered," only a few spoke, and those who spoke continued to do so while others remained silent. Helping the quiet students open their mouths and gain confidence became another important task. Many students could not express their inner wounds, which only deepened inside. Outwardly, they wanted to look fashionable like celebrities, but I worried that inwardly they might be living lives that were rotting while appearing fine. Perhaps this is one reason why youth suicide rates are so high.

The Lee Tae Seok Leadership School began from the conviction and vision of Chairman Mr. Soohwan Goo of the Lee Tae Seok Foundation, who believed that the kind of leadership our society needs today is the servant leadership Father Lee Tae Seok showed. Therefore, the program was named after him. But reality was discouraging. Neither I nor anyone around me was an expert in leadership or education, and there were not enough people to work with. I tried to seek help from professionals, but perhaps because I only had the goal of "raising great leaders," they looked at me as if I were foolish, and I could not gain much practical advice. Or perhaps I was not mature enough to understand their words. As the opening date approached, I grew impatient. In the middle of the night, I would break into cold sweat, my body tensing, feeling frustrated with how I had lived until then.

At such times, two beings gave me strength. One was my parents. My father, who passed away 23 years ago, taught me honesty and uprightness. My mother, now ninety-two years old, still does not think of her own pain but worries about her children. She taught me warmth and coexistence. Their lives are my absolute model and the source of my DNA. Whenever I thought of them, I regained strength.

The other was Lee Tae Seok. Though I never met him, I feel as if I have known him for a long time. Having watched Chairman Goo Soo-hwan's films 'Don't Cry for Me, Tonj' and 'Resurrection' countless times, I sometimes even forget that he has passed away. When facing difficult decisions, I imagine, "What would he do?" and I always find wisdom there. Thanks to the spiritual strength from my parents and the wisdom from Lee Tae Seok, I was able to create something out of nothing.

Still, there were many practical problems. One major question was whom to educate. After much discussion, we decided to focus on high school students. But what kind of students should we choose? Since we aimed to provide the best lecturers and the best program, naturally, some said we should also select the best students. The best students? Should we choose those with good grades and exemplary behavior? But I felt uncertain. Should the Lee Tae Seok Leadership School be a place that selects future elites and makes them stronger? I asked myself again,

"What would Lee Tae Seok do?" The answer became clear: "Do not select the best students. Select those who need help the most, and make them the best."

Thus, Lee Tae Seok Leadership School opened in 2023. We invited lecturers from Korea, the United States, Sweden, and Denmark. One important criterion was whether they had practiced leadership based on love and service for a long time. Though their fields were different, their lives all pointed toward humanity, and their ways of living resembled Father Lee's spirit. They were people of deep empathy, sincerity, and altruism, living out their beliefs in action. I was almost sorry for putting them through such a demanding selection process. Later, these lecturers became great supporters of the Foundation and played a major role in launching the Lee Tae Seok Global Leadership School in 2025.

The Global Leadership School was held in Bommersvik, the cradle of modern Swedish democracy, through the cooperation of Olle Thorell, a five-term member of the Swedish Parliament. Korean students, together with selected Ukrainian refugee students, studied international issues and leadership. Swedish politicians, and Danish and American activists taught them how to deal with global crises such as the Russia-Ukraine war with humanity and moral clarity. During one lecture, when a video showing the devastation in Ukraine played, a Ukrainian student began to cry, unable to look at her hometown. Other students wept and embraced her. Even after the lecture ended, they gathered late into the night, comforting each other and talking about how they wanted to live from now on. It was a moment when they truly experienced what it means to share another's pain. From that experience came Impact Lab, a project where students created volunteer initiatives to help Ukrainian war orphans and children suffering from trauma.

The friendship and warmth shown by the graduates of the Lee Tae Seok Global Leadership School have continued even after the program ended. The projects selected through Impact Lab are now being delivered to Ukrainian children, and more young people are expected to join in the future. What began as an uncertain attempt has now grown into a movement that reaches not only Korean youth but also Ukrainian, Sudanese, Swedish, and American students.

That is why this book was published—to share with many people how these students changed through the program. Their writings may not be polished, but they sincerely describe what they experienced during this turbulent time of youth and what kind of vision they have gained for the future. I ask readers to read their words with understanding, just as one would try to understand why Forrest started running and why he stopped. When these young people become bright, healthy, and compassionate, so will our future.

At the end of every program, students greet me with shining faces and say, "Thank you for listening to my story. I will live practicing Lee Tae Seok's leadership." Their words make my heart beat faster than any praise or gift ever could. Perhaps that is why I continue this path.

Though I once lived an ordinary life that sometimes felt empty, now that I live for others, every day feels full and meaningful. They say the more comfortable the body is, the weaker the mind becomes; the more wealth and honor one has, the more unhappiness follows. But through my work with the Foundation, the more my body tires, the more wisdom I gain. The more I live for others, the happier I become.

And so, I will keep walking this path. Even if I found it late, I am deeply grateful. Life is happiness.

I sincerely thank all the supporters of the Lee Tae Seok Foundation who made the Leadership Schools possible, including Mr. Goo Soohwan, the Chairman of the Foundation and Mr. Kyosan Ku, the head of the U.S. branch.

Note 1. Statistics Korea, 2023
Note 2. Impact Lab originally refers to an experimental program that creates social or economic impact, but it is now used in many fields such as business, education, and culture.

| 축사 |

꿈은 이루어집니다

구수환
(사)이태석재단 이사장

2010년, 한 사제의 감동적인 삶을 만나며 작은 꿈을 꾸기 시작했습니다.

행복과 희망을 전하는 작은 학교를 세우는 것입니다.

십삼 년 후 이태석리더십스쿨이 문을 열었습니다. 그곳은 사랑과 헌신, 공감의 정신을 다음 세대에게 전하기 위한 배움의 터전입니다. 2년 후에는 스웨덴에서 이태석글로벌리더십스쿨을 개교하여 세계의 청년들과 '사랑으로 행동하는 리더십'을 함께 배우고 나누었습니다.

　작은 불씨가 이제는 '이태석리더십'이라는 교양과목으로 대학가에서 널리 퍼지고 있습니다. 그 누구도 해내지 못한 것을 가능하게 만든 것은 구진성 이태석리더십아카데미 대표와 구교산 이태석재단 미주지부장의 헌신과 열정입니다.

최고의 교육은 경험이라고 합니다.

　이 책에는 십 대 청소년들의 소중한 경험과 희망이 담겨 있습니다. 순수한 마음으로 세상을 바라보고, 사랑과 용기를 배운 이들의 이야기가 깊은 감동으로 다가옵니다.

　기적을 만들어낸 데 큰 힘이 되어주신 올레 토렐 스웨덴 5선 의원, 케네스 폴스룬드 스웨덴 국회부의장, 아이다 의원, 아만다 시장 등을 비롯해 이태석글로벌리더십 강사진 분들께 깊은 고마움을 전합니다.

　작은 꿈으로 시작된 이 길이 이제 세상을 따뜻하게 변화시키는 사랑과 교육의 여정이 되었습니다. 이 책이 그 여정을 함께하려는 학생들과 독자들에게 '사랑으로 이끄는 리더십'의 가치를 전하는 역할을 했으면 합니다.

| Congratulatory Message |

My Journey with the Lee Tae Seok Foundation

Olle Thorell
Member of the Swedish Parliament,
Senior Advisor of the Lee Tae Seok Foundation

When I first encountered the story of Father Lee Tae Seok - the doctor, priest, musician, and servant leader who chose to dedicate his life to the people of Tonj - I was deeply moved. His life was a symphony of compassion, courage, and conviction. He did not seek status or recognition, but instead chose to live among the most vulnerable, offering them not only medical care, but also dignity, joy, and hope.

This, to me, is the essence of leadership. Not command, but compassion. Not authority, but humility. Not self-promotion, but service.

As someone who has spent many years in public service and politics, I often reflect on what kind of leadership the world needs today. In a time of division, conflict, and uncertainty, I believe we must return to the kind of leadership that Father Lee embodied - leadership grounded in love, in listening, and in lifting others up.

The Global Leadership School is one of the most inspiring initiatives I have encountered. It provides young people from Korea with a rare opportunity - not just to learn about leadership in theory, but to live it. To step outside of themselves. To ask the difficult questions. To grow not only in knowledge, but in wisdom.

The students whose writings are collected in this book have taken that journey. Their reflections are full of honesty, vulnerability, and insight. They are a powerful reminder that leadership begins not with a title, but with a question: Who am I? What kind of person do I want to become? And how can I use my talents to serve others?

To all of you graduates, I offer my heartfelt congratulations and a few thoughts to carry with you as you continue your journey:
- Never stop reflecting. True leadership requires deep self-awareness. Keep asking yourself what your values

are and whether your actions reflect them.
- Embrace humility. Leadership is not about being the loudest voice in the room. It is about listening. About learning. About lifting others.
- Act with courage and kindness. The world needs brave voices, yes. But also soft hearts. It needs people who are not afraid to challenge injustice and who do so with empathy.
- Live in service. No matter your career path, ask yourself: "Whom am I helping?" This is the most important question a leader can ask.
- Build bridges. Between cultures. Between generations. Between people with different views. This is how we preserve peace and build a better future.

You are the continuation of Father Lee's legacy. You are proof that his life was not in vain – it was a seed, and you are the growth.

May this book inspire others as much as it has inspired me. And may you continue to lead – not from above, but from beside. With open hands, open hearts, and the unshakable belief that a better world is possible.

이태석재단과의 인연

올레 토렐
스웨덴 5선의원, (사)이태석재단 상임고문

　이태석 신부님의 이야기를 처음 들었을 때, 저는 깊은 감동을 받았습니다. 의사이자 사제, 음악가이며 진정한 '서번트 리더(섬김의 지도자)'였던 그는 남수단 톤즈의 가난하고 소외된 이들과 함께 살며, 의료 서비스뿐 아니라 인간다운 존엄과 희망, 그리고 기쁨을 나누었습니다.

　그분의 삶은 진정한 리더십이 무엇인지를 보여주는 살아 있는 증언이었습니다. 리더십은 명령이나 권력이 아니라 공감과 겸손, 헌신에서 비롯된다는 것을 말입니다.

　저는 오랜 시간 정치인으로서 공공의 일을 해 오면서, 우리 시대가 필요로 하는 리더십이 무엇인지 자주 고민합니다. 분열과 불신, 불확실성이 커지는 지금의 세상에서 우리에게 필요한 것은 바로 이태석 신부님과 같은 리더십입니다. 사랑으로, 경청으로, 그리고 타인을 일으켜 세우는 마음으로 이끄는 리더십입니다.

　이태석글로벌리더십스쿨은 제가 지금까지 경험한 가장 감동적인 프로그램 중 하나입니다. 이곳에서 한국의 청년들은 단지 이론으로서가 아닌, 삶으로서 리더십을 배우고 있습니다. 자신을 돌아보고, 새로운 시선으로 세상을 바라보며, 지식뿐 아니라 지혜를 길러가고 있습니다.

이 책에 담긴 졸업생들의 글은 그 여정의 아름다운 결실입니다. 솔직하고 진지한 성찰이 가득하며, 리더십은 직함이 아니라 질문에서 시작된다는 사실을 다시금 일깨워 줍니다.

"나는 누구인가?"
"나는 어떤 사람이 되고 싶은가?"
"내가 가진 재능으로 누구를 도울 수 있을까?"

졸업을 진심으로 축하드리며, 이 여정의 다음 걸음을 준비하는 여러분께 몇 가지 작은 조언을 드리고 싶습니다.

- 항상 자신을 돌아보세요. 진정한 리더십은 깊은 자기 성찰에서 시작됩니다. 나의 가치가 무엇인지, 그리고 나의 행동이 그것을 반영하고 있는지 늘 질문하세요.
- 겸손함을 잊지 마세요. 리더는 가장 큰 목소리를 내는 사람이 아니라, 가장 많이 듣고 배우며, 다른 이들을 북돋우는 사람입니다.
- 용기와 따뜻함을 함께 가지세요. 세상은 불의에 맞서는 용기 있는 목소리를 필요로 합니다. 하지만 그 목소리는 반드시 따뜻한 마음과 함께해야 합니다.
- 섬김의 자세로 살아가세요. 여러분이 어떤 길을 가든지, 스스로에게 물어보세요. "나는 누구를 돕고 있는가?" 이 질문

이야말로 리더가 늘 품어야 할 질문입니다.
- 사람과 사람 사이에 다리를 놓으세요. 문화 간, 세대 간, 그리고 다른 생각을 가진 사람들 사이에 연결의 다리를 놓는 것이 진정한 평화를 만드는 길입니다.

여러분은 이태석 신부님의 유산을 이어가는 사람들입니다. 여러분의 성장은 그의 삶이 결코 헛되지 않았음을 보여주는 증거입니다. 그의 삶은 씨앗이었고, 여러분은 그 열매입니다.

이 책이 저에게 그러했듯, 다른 이들에게도 큰 울림을 주길 바랍니다. 그리고 여러분 모두가 앞으로도 손을 내밀고, 마음을 열며, 더 나은 세상을 만들 수 있다는 믿음을 간직한 채 걸어가시길 응원합니다.

스웨덴의회 회의실을 설명해 주는 올레 토렐 의원

스웨덴 의회에서 진행한 졸업식

올레 토렐 스웨덴 의원   이형종 주스웨덴한국대사

36 방황의 끝에서 만난 빛 이태석리더십

토론 수업 / 모흔스 고드발레 덴마크 자유학교장

안 린드 전 스웨덴 외교부장관 / 주스웨덴 우크라이나 단체와 MOU체결

과정 시작 전 사전학습 / 이태석리더십을 당부하는 구수환 이태석재단 이사장

이태석글로벌리더십 1기를 마무리하며

구교산
(사)이태석재단 미주지부장, (사)이태석재단 UN NGO 사무총괄
이태석글로벌리더십스쿨 운영책임자

오늘날의 세상은 점점 더 분열되어 가고 있습니다. 한국에 살든, 스웨덴에 살든, 미국에 살든, 정치와 사회의 양극화는 누구나 체감할 수 있습니다. 아마도 끊임없이 쏟아지는 정보의 홍수 속에서 사람들은 점점 무감각해지고, 지쳐버린 것일지도 모릅니다. 아니면 정말로 우리는 전례 없는 시대를 살고 있는 것일지도요 — 인공지능이 미래를 새롭게 그리고, 사회의 결속이 서서히 풀려가는 그런 시대 말입니다.

우리는 한때 믿었습니다. 기술이 발전하고, 세계가 더 가까워지고, 정보가 많아질수록 세상은 더 안전하고 자유로우며 평화로워질 것이라고요. 그러나 뉴스를 볼 때마다 느껴지는 건, 인류가 어딘가 방향을 잃은 듯한 불안감입니다. 어른들조차 이런 혼란을 느끼는데, 세상을 바라보는 청년들의 마음은 어떨까요? 지도자들은 끝없이 다투고, 제도는 흔들리며, 진실조차 편의에 따라 굴절되는 세상 속에서 청년들은 불안뿐 아니라 냉소와 무기력, 그리고 '진보'라는 개념 자체에 대한 믿음을 잃어가고 있습니다.

그래서 저는 이태석리더십아카데미(Lee Tae Seok Leadership Academy)와 같은 프로그램이 절실하다고 믿습니다. 지금 청년들에게 가장 필요한 것은 더 많은 데이터나 정보가 아닙니다. 그것은 바로 희망입니다. 정보만으로는 행동을 이끌어낼 수 없습니다. 희망이 없다면 지식은 그저 소음이 되고, 방황이 됩니다. 오늘날의 청년들은 무한한 가능성을 손끝에 쥐고 있지만, 목적의식이 없다면 그 가능성은 끝없는 스크롤 속에 묻혀버립니다. 생각은 무뎌지고, 영혼은 점점 희미해지는 것이죠.

하지만 희망은 가르칠 수 있는 것도, 선언할 수 있는 것도 아닙니다. 강연 한 번으로 주어지는 것도 아닙니다. 희망은 '경험'해야 합니다. 사람과의 연결, 대화, 그리고 실제적인 본보기 속에서 말입니다. 학생들은 세상을 변화시키는 진짜 사람들을 만나야 하고, 자신과 같은 꿈을 꾸는 또래들이 세계 곳곳에 있다는 사실을 느껴야 합니다. "내일은 오늘보다 나을 수 있다"는 믿음을 함께 체험할 때, 희망은 현실이 됩니다. 그 믿음이 바로 이태석글로벌리더십 스쿨(Lee Tae Seok Global Leadership School) 의 씨앗이었습니다.

이 프로그램의 첫걸음은 2025년 2월, 제가 남수단으로 향하는 길에 스웨덴에 잠시 들렀을 때 시작되었습니다. 스톡홀름에서 국회의원 5선이자 이태석재단의 고문인 올레 토렐(Olle Thorell) 의원, 그리고 안데르스 외스테르베리(Anders Österberg) 스톡홀름 부시장과 함께 아침 식사를 하며 이야기를 나누었습니다. 우리는 프로그램의 장소와 핵심 가치에 대해 논의했습니다. 짧은 만남이었지만, 그 대화가 이후 모든 일의 기초가 되었습니다.

미국으로 돌아온 후, 올레 의원은 여러 잠재적인 연사들을 제게 소개해 주었습니다. 저는 단순히 이메일로 초대하는 대신, 직접 만나 우리의 비전을 전하고자 했습니다. 두 달 뒤, 다시 스웨덴으로 돌아가 가능한 한 많은 연사 후보들을 만났습니다. 대화의 내용은 제각기 달랐지만, 공통된 흐름이 있었습니다. 이태석재단의 사명과, 공감과 봉사를 바탕으로 한 리더십 교육의 비전을 이야기하자 모두의 얼굴에 미소가 번졌습니다. 그들의 눈빛 속에는 이 여정에 함께하고자 하는 진심이 느껴졌습니다.

그 결과, 우리는 스웨덴 국회 부의장인 케네스 폴스룬드(Kenneth Forslund), 스웨덴 최연소 여성 시장 아만다 린드블라드(Amanda Lindblad), 최연소 국회의원 중 한 명인 아이다 비린시쿠(Aida Birinxhiku), 그리고 사회민주당 청년조직 SSU 의 이사인 마리암

아스가리(Mariam Asghari)와 아리안 트와나(Arian Twana)로부터 참여 약속을 받게 되었습니다.

결정적인 돌파구는 올레 토렐 의원과 마리암이 봄메르스빅(Bommersvik)을 확보해 주었을 때 열렸습니다. 이곳은 스웨덴 민주주의의 '정신적 고향'이라 불리는 역사적 장소로, 과거 타게 엘란데르(Tage Erlander)와 올로프 팔메(Olof Palme) 같은 지도자들이 머물던 곳입니다. 봄메르스빅은 리더십과 성찰, 평화를 주제로 한 일주일간의 여정을 펼치기에 완벽한 장소였습니다.

마리암은 SSU 이사회에 직접 요청해, 13명의 학생이 일주일간 무료로 숙박할 수 있도록 해주었습니다. 그 연대와 환대의 마음이야말로 이 프로그램이 가능했던 이유입니다.

우크라이나 학생들을 포함한 국제 학생들을 함께 초청하려던 우리의 목표는 안데르스 외스테르베리 덕분에 실현될 수 있었습니다. 그는 북유럽 지역의 우크라이나인을 지원하는 비영리 단체 노르딕 우크라이나 포럼(Nordic Ukraine Forum)을 소개해 주었고, 특히 러시아 침공으로 인해 피난 온 청년들에게 기회를 주자는 제안을 했습니다. 몇 차례의 통화와 회의 끝에, 우리는 스웨덴에 거주 중인 우수한 우크라이나 청년 5명을 선발하여 함께 하기로 합의했습니다.

스웨덴 총리들만 사용했던 통신보안전용 전화 부스에서

한 통의 국제 전화로 시작된 일이, 이제는 한국·스웨덴·우크라이나·미국을 잇는 협력으로 커졌습니다. 서로 다른 배경과 국적을 가진 이들이 하나의 믿음 아래 모였습니다. ― 리더십은 특권이 아니라 책임이라는 믿음 말입니다.

처음부터 우리는 글로벌리더십스쿨이 단순한 '행사'가 아니라 살아 있는 경험이 되기를 바랐습니다. 정치인이나 기업인의 연설을 유튜브로 보는 것은 쉽습니다. 하지만 그들과 같은 자리에 앉아 대화를 나누고, 질문을 던지고, 인간적인 면모를 가까이에서 느낄 수 있는 기회는 얼마나 될까요?

그런 이유로 시작된 것이 바로 '노변정담 (Fireside Chat)' 이었습니다. 각 세션은 편안한 대화 형식으로 진행되었고, 학생들은 자유롭게 질문하며 때로는 토론을 벌였습니다. 질문이 너무 많아

시간을 초과하는 일도 잦았습니다. 연사들 역시 이 방식을 무척 즐겼습니다. "왜 내가 이 일을 시작했는지 다시 떠올릴 수 있었다"고 말한 이도 있었습니다.

일부 연사들은 워크숍(Workshop) 형식을 택했습니다. 덴마크의 모흔스(Mogens)는 덴마크 민중학교 전통에 따라 모두 함께 노래를 부르며 시작했습니다. 마리암과 아리안은 SSU의 훈련 프로그램에서 사용하는 팀워크 활동을 학생들과 함께 진행했습니다. 평소 조용하던 학생들까지 활짝 웃으며 참여하는 모습을 보는 것은 정말 인상적이었습니다.

각 세션이 끝난 후에는 자유 토론 시간이 이어졌습니다. 학생들은 연사들의 의견에 질문을 던지고, 서로의 생각을 부딪치며 새로운 시각을 탐구했습니다. 결국 리더십이란, 단순한 '동의'가 아니라 '비판적으로 사고하고 윤리적으로 행동할 용기'이기 때문입니다.

프로그램의 핵심은 '임팩트 랩 (Impact Lab)' 이었습니다. 학생들은 팀을 이루어 사회적 영향을 줄 수 있는 프로젝트를 기획했습니다. 현대 경영학에서 많이 사용되는 해커톤 (Hackathon)[1]에서 영감을 받아, 실제로 실행 가능한 해결책을 만들어보는 도전이었습니다.

쉬운 과제는 아니었지만, 바로 그 어려움이 성장의 시작이었습니다. 학생들은 며칠 동안 밤늦게까지 아이디어를 다듬고, 의견을 조율하며, 끊임없이 발전시켰습니다. 마지막 날, 모든 팀이 동료 학생들과 연사들 앞에서 자랑스럽게 자신의 프로젝트를 발표했습니다. 최종 두 팀을 투표로 선정했지만, 모든 학생들이 자신이 해낼 수 있다는 확신을 품게 된 것이 가장 큰 성과였습니다.

프로그램이 끝난 지 석 달이 지난 지금도, 학생들은 시차를 넘어서 함께 프로젝트를 이어가고 있습니다. 물론 현실적인 어려움은 많습니다. 하지만 중요한 것은 그들이 여전히 세상을 더 나은 방향으로 바꾸기 위해 행동하고 있다는 것입니다. 무관심 대신 참여를, 냉소 대신 실천을 선택한 그들이야말로 진정한 '젊은 리더'입니다.

돌이켜보면, 글로벌리더십스쿨은 단순한 교육 프로그램이 아니었습니다. 그것은 절망에 맞선 조용한 저항이었습니다. 스웨덴의 여름 수많은 지도자들이 거닐던 봄메르스빅에서 전 세계의 청년들이 모여 자신들 세대의 리더십을 새롭게 준비했습니다. 그들은 지식뿐 아니라, 우정과 아이디어, 그리고 목적의식을 가지고 돌아갔습니다. 그 어떤 알고리즘이나 소셜 미디어도 대신할 수 없는 것들이었습니다.

그리고 저에게 이 프로그램은 하나의 확신을 남겼습니다.

"희망은 사라지지 않았음을…!"

1) Hackathon : hacking과 marathon의 합성어로 팀을 이루어 제한 시간 내 주제에 맞는 계획을 수립하는 공모전. 이태석글로벌리더십스쿨에서는 학생들이 팀을 구성하여 이태석리더십을 실천하는 계획을 수립하여 발표한 팀들 가운데 가장 지지를 많이 받은 두 개의 프로젝트를 선정함

Reflecting on the 1st Lee Tae Seok Global Leadership School

Kyosan Ku
The Lee Tae Seok Foundation U.S. branch Director
Director of UN NGO affairs
Director of Lee Tae Seok Global Leadership School operations

The world today feels increasingly divided. Whether you live in South Korea, Sweden, or the United States, you can sense the growing polarization in politics and society. Perhaps it's the constant overload of information that leaves us numb and burned out. Or perhaps we truly are living in unprecedented times — with artificial intelligence reshaping the future and the social fabric fraying at the edges.

We were once promised that with more technology, more globalization, and more information, the world would become safer, freer, and more peaceful. Yet when you turn on the news, it's hard not to feel that humanity has somehow lost its way. And if adults feel this disorientation, how must it feel for the youth watching from the sidelines — seeing leaders argue endlessly, institutions crumble, and truth itself bend to convenience? Many young people today face not only uncertainty, but also cynicism, and a quiet loss of faith in the idea of progress.

That, to me, is why programs like the Lee Tae Seok Leadership Academy are so necessary. What young people need more than ever is not more data or access to information — it is hope. Information alone does not inspire action. Without hope, knowledge becomes noise and distraction. The youth of today carry infinite potential at their fingertips, but without a vision of purpose, that potential risks being lost to endless scrolling — numbing their minds and dulling their souls in the process.

But hope cannot simply be taught or declared. It cannot be delivered through a single motivational speech. It has to be experienced — through connection, dialogue, and example. Students need to meet real people making real change in the world, and to see that there are others like them — peers who believe that tomorrow can indeed be better than today. This conviction became the seed behind the Global Leadership School.

The first steps toward the program began in February 2025, when I stopped in Sweden en route to South Sudan. Over breakfast in Stockholm, I met with Olle Thorell, a five-term member of Parliament and senior advisor to the Lee Tae Seok Foundation, and Anders Österberg, the Vice Mayor of Stockholm. We discussed possible locations and the core values of the program. Though short, that meeting laid the foundation for everything that followed.

Once I returned to the United States, Olle began introducing me to potential speakers. I decided to meet as many of them as possible in person — not just to invite them, but to share the heart of what we were trying to build. Two months later, I flew back to Sweden and had as many meetings with potential speakers as possible. Each conversation was different, yet all followed the same pattern. The moment I explained the mission of the Lee Tae Seok Foundation and our vision for a global leadership program rooted in empathy and service, their expressions softened into smiles. I could see a genuine willingness to be a part of our mission. From this visit to Sweden in April, we were able to get commitment from Kenneth Forslund, Deputy Speaker of Parliament; Amanda Lindblad, Sweden's youngest female mayor; Aida Birinxhiku, one of the youngest MPs; and Mariam Asghari and Arian Twana, board members of SSU, Sweden's Social Democratic Youth League.

A breakthrough came when Olle and Mariam helped us secure Bommersvik — a historic site often called the "spiritual home" of Sweden's democratic movement. Once a retreat for figures like Tage Erlander and Olof Palme, it became the perfect setting for a week dedicated to leadership, reflection, and peace. Mariam even persuaded the SSU board to lend us the space, free of charge, for thirteen of our students that week — an incredible gesture of solidarity that made the program possible.

Our mission to bring together students from around the world — especially from Ukraine — would not have succeeded without Anders Österberg. He connected me to the Nordic Ukraine Forum, a nonprofit supporting Ukrainians living across the Nordic region, and in particular refugees from the Russian invasion. After several calls and meetings, we agreed to partner in selecting five outstanding Ukrainian youth to join the program.

What began as a single international phone call soon grew into a collaboration spanning continents — between South Korea, Sweden, Ukraine, and the United States. It was a small but powerful example of what this program was meant to embody: cooperation across difference, and the shared belief that leadership is not a privilege, but a responsibility.

From the start, we wanted the Global Leadership School to feel personal and alive — not like a traditional conference, but like a week of genuine exchange. Anyone can watch a political or business leader speak on YouTube. Far rarer is the chance to sit at the same table with them, ask questions freely, and see their humanity up close.

That was the idea behind our "Fireside Chats." Each session featured an accomplished leader in a relaxed, conversational format. Students listened, questioned, and sometimes debated. The energy was electric — so many hands shot up with questions that we often ran out of time. Speakers loved the format as much as the students did; it reminded them why they entered public service in the first place.

Some guests, like Mogens and Mariam and Arian from SSU, chose to lead interactive workshops instead. Mogens began his by inviting everyone to sing — a Danish folk school tradition that instantly broke the ice. Mariam and Arian had the students try team-building exercises that SSU members themselves train on. Watching even the shyest students join in with a spark in their eyes was inspiring.

After each session, we encouraged open discussion. Students were free to debate what they had heard, question assumptions, and wrestle with new ideas. Leadership, after all, is not only about consensus — it is also about the courage to think critically and act ethically.

The heart of the program was the Impact Lab — a project-based challenge where students formed small teams to design social impact initiatives. Inspired by hackathons in the tech world, we gave them a loose framework: identify a real problem and design a solution they could realistically execute after returning home.

It was a daunting task, but that was the point. Growth only comes through struggle. For days, students stayed up late brainstorming, debating, and reworking their ideas.

By the final presentation, each team stood proudly before their peers, staff, and speakers to pitch their projects. We all voted for two finalists, but every group walked away with a sense of ownership and belief in what they could do.

Three months later, I still see the students collaborating across time zones to bring their projects to life. There are logistical hurdles, of course — but what matters most is that they are passionately working towards bettering the world. They are choosing engagement over apathy, action over cynicism. And that is the hallmark of a young leader.

Looking back, the Global Leadership School was more than a program — it was a quiet act of rebellion against hopelessness. For one week in the Swedish summer, in a place often walked by global leaders, a new generation gathered from around the world to imagine what leadership could mean in their own time.

They left with friendships, ideas, and a sense of purpose that no algorithm or social feed could ever replace.

And for me, it reaffirmed something simple yet profound: that hope is not lost.

세계시민으로서의 리더십을 배우다

장성례
이태석재단 광주-전남 후원회장

지난 7월 27일부터 8월 2일까지, 나는 이태석재단이 스웨덴에서 주최한 제1기 이태석글로벌리더십스쿨에 참가했다. 한국의 고등학생 16명과 대학생 2명, 스웨덴에 거주하는 우크라이나 대학생 3명, 대학원생 2명이 모여 국경을 넘어선 우정과 배움을 나누었다.

우리는 스웨덴 사회민주당의 정신이 깃든 정치 연수원 봄메르스빅(Bommersvik)에서 생활하며, 연대와 봉사, 가치와 비전을 키워가는 진정한 리더십의 의미를 체득할 수 있었다. 학생들은 스웨덴의 정치인들을 직접 만나 강연을 듣고 토론했다. 케네스 G. 폴스룬드 국회부의장, 올레 토렐 5선 국회의원 등은 정치가 단순한 권력의 기술이 아니라, 사람을 존중하고 공동체를 지켜내는 가치의 실천임을 몸소 일깨워 주었다. 그들의 진중한 목소리는 모두에게 깊은 울림을 남겼다.

매일 아침 9시부터 늦은 밤까지 이어진 일정은 쉽지 않았지만, 그 치열한 하루하루는 지루하거나 힘겹지 않았다. 강연자의 열정은 학생들의 집중을 이끌었고, 서로의 이야기에 귀 기울이며 함께 토론했다. 그 속에서 깨달은 것은 분명했다. "리더십은 특권이 아니라 봉사입니다. 앞에 서서 권위를 누리는 것이 아니라, 뒤에서 묵묵히 떠받치고 이끌어 주는 것, 그것이 진정한 리더의 모습입니다." 이 메시지는 리더십에 대한 내 생각을 더 확실하게 해주었다.

리더십의 참모습은, 바로 이태석 신부님의 삶에 있었다. 신부님 선종 후 10여 년이 지난 후 알게 된 그분의 삶은 내가 앞으로 가야 할 길을 보여주었다. 그 이후 나는 조금씩 변화하기 시작했다. 내게 남은 시간은 좀 더 따뜻한 마음으로 세상을 품어야겠다고 다짐하게 되었다.

이번 이태석글로벌리더십스쿨과 같은 배움의 장이 청소년뿐만 아니라 다양한 세대들에게도 주어졌으면 하는 바람이 커졌다. 또한 국내에서도 봉사하며 리더십을 체험할 기회가 있기를 바란다. 특정 세대와 장소를 넘어 서로가 서로에게 울림을 주고 함께할 수 있다면 그것이야말로 신부님이 남기신 정신의 완전한 실현일 것이다.

함께한 청년들의 열정과 눈빛은 나에게 특별한 감동을 주었다. 그들은 세상과 자신을 변화시키고자 하는, 지치지 않는 에너지와 뜨거운 열망으로 가득 차 있었다. 토론 시간마다 자기 생각을 말하며 옳다고 믿는 가치를 위해 끝까지 목소리를 냈다. 나는 그들의 당당함 속에서 미래에 대한 희망을 보았다. 동시에 어른으로서 내 역할에 대해서도 깊이 생각하게 되었다.

그들과 함께하면서 깨달은 것은 어른 세대의 역할은 지배하거나 이끄는 데 있지 않다는 점이었다. 결과만으로 판단하며 성급하게 가르치려 들었던 때가 얼마나 많았던가? 깊은 반성을 했다. 어른은 자신의 경험을 지혜로 나누고 젊은 세대들의 가능성을 존중하며 뒷받침하는 존재여야 한다. 그들의 도전을 지켜보고 넘어지고 일어서는 과정을 기다려 주는 것 또한 어른의 몫이다.

그들이 자유롭게 꿈꾸고 도전할 수 있도록 응원하는 게 어른으로서 내가 취해야 할 가장 중요한 태도임을 새삼 느꼈다.

이번 이태석글로벌리더십스쿨에서 얻은 가장 큰 메시지는, 리더십은 특정한 소수의 소유물이 아니라는 것이다. 누구든 공동체 속에서 자신이 가진 것을 나누고, 옆 사람의 손을 잡아 일으켜 세울 때 우리는 모두 리더가 될 수 있다. 돌아와 생각해 보니, 이 여정은 단순한 여행이 아니었다. 그것은 나를 새롭게 발견하는 시간이자, 더 큰 세상을 향해 나아갈 용기를 심어 준 여정이었다. 앞으로 나는 이태석 신부님이 남긴 사랑과 봉사의 정신을 이어받아, 더 큰 사랑과 헌신으로 살아가리라 다짐한다. 리더십은 거창한 말 속에 있지 않았다. 작은 나눔과 섬김, 그리고 흔들림 없는 신념 속에 있었다. 그것이야말로 모든 세대가 함께 품어야 할 세계시민의 리더십이다.

살아 꿈틀대는 감동 교육,
그 맨 앞 이름 이태석글로벌리더십스쿨

정경미
이태석재단 광주-전남 지부장

성심성의껏 어떤 일을 시작하면 3년쯤 지나면 경험상 뭔가 길이 보인다.

3년 전 8월, 〈울지마 톤즈〉의 부활로 이태석 신부님의 삶에 뭉클했던 감동에 이어, 『우리는 이태석입니다』 북콘서트가 광주에서 열렸다. 그곳에서 영화와 책을 만든 구수환 피디를 만났다.

잘 나가던 언론인이 왜 소도시 고등학교에 저널리즘 스쿨을 열고, 이태석 신부의 헌신적인 사랑을 이야기하는지 몹시 궁금했다.

20여 년 동안 아이들이 행복한 교육을 위한 방향키를 잡고 다양한 시도를 해온 나는 코로나 속에서도 뜻있는 시민, 일선 교사, 학부모들과 함께 진심 어린 교육의 실천 사례인 신부님의 삶과 제도권 언론인으로 파란만장한 삶을 살아 온 구수환 피디와의 인연 이야기를 마음으로 듣는 자리를 마련했다.

각자도생의 현실 속에서도 아낌없이 주는 나무처럼 사랑을 실천한 신부님의 이야기는 씨앗이 바람을 만나듯 교육 현장에서 애쓰는 누군가의 정성 가득한 마음으로 이어졌다. 밤하늘 별자리처럼 마련된 북콘서트는 우리 사회 교육 희망을 그리는 분들과의 인연으로 수놓아졌다.

이태석재단은 경쟁 일변도로 각박해지는 현실 속에서 청소년 리더십 교육의 중요성을 주요 사업으로 설정하고, 서울과 지역에서 3년째 리더십스쿨을 열며 160명이 넘는 학생을 배출했다.

갈수록 커지는 지역 교육 격차에 거름이 되는 단비처럼, 광주 산수도서관 북토크와 교육청 협치학교 초청 강연으로 이어진 신부님의 사랑과 실천의 정신은 경쟁 입시 위주 교육학교 현장에 인성교육의 중요한 아이콘으로 등장했다. 정성을 다해 행사를 준비한 학교 현장을 만나면 시너지 효과가 생겼다.

신부님의 묘비 뒤편에 새겨진, "너희가 이 가장 작은 이에게 해준 것이 바로 나에게 해준 것이다"라는 성경의 글귀처럼, 어려운 학생과 인연이 되어 시의적절하게 도움을 주는 일이 생기기 시작했다. 광주의 한 고등학교는 보이지 않게 노력하는 선생님의 요청으로 재단과 연결되어 학생들의 시야를 키우고 국제적 감각까지 넓히는 강연을 2년 연속 열 수 있는 든든한 교육 자문 파트너가 되었다.

장흥의 한 교장 선생님의 노력으로 이어진 재단과의 만남은 지역 교육장의 적극적 참여에 힘입어 날개를 달고, 장흥 지역 초·중학교 3분의 2 현장의 인성교육으로 이어져 아름다운 반향을 일으켰다. 남평도서관이 후원한 행사로 영산포여중에서 진행된 수업과 북콘서트는 나주 교육지원청 교육장의 제안으로 MOU 체결까지 이어져 교사·학부모·학생들이 참교육의 가치를 신부님의 정신을 통해 다시 반추하는 계기가 되었다.

이렇게 3년여 시간 지역에서 활동하며, 작년 상반기 광주 리더십스쿨까지 열게 되어 17명의 광주·전남 학생들이 뜻깊은 교육을 받았다. 이어 남수단 봉사활동과 최근 스웨덴에서 열린 이태석글로벌리더십스쿨에 참여한 학생 3명을 배출했다. 재단은 전국의 필요한 곳이면 어디든 달려가고 남수단과 연결된 다양한 후원 사업, 우크라이나 전쟁고아 지원, 글로벌리더십스쿨 등의 실적을 쌓았다.

그 성과를 인정받아 UN NGO로 선정되었고, 우리 사회에 선한 영향력으로 회복과 신뢰의 밑거름이 되고 있다.

최근 7월 말부터 8월 초까지 7박 8일 일정으로 스웨덴에서 이태석글로벌리더십스쿨을 열었다. 사회민주당 올레 토렐 의원과의 인연으로 타협과 협상의 정치로 스웨덴을 복지사회로 이끈 최장기 총리 타게 엘란데르가 퇴직 후 살았던 봄메르스빅(Bommersvik) 사회민주당 정치연수원에서 진행되었다. 학생들은 호수와 초록 정원의 넓고 높은 품에서 쉼과 성찰을 경험하며 자연이 주는 에너지를 배움으로 얻었다.

품격 있는 국회의사당과 청정한 대자연 속 세미나실에서 진행된 강연과 토론은 한국 학생들에게 우물 안 개구리 시야를 넓혀 주고, 권위 없이 진심으로 경청하고 낮은 자세로 국민을 위해 활동하는 정치인을 만나는 기회를 제공했다.

우크라이나 난민으로서 스웨덴에서 대학과 대학원을 다니는 학생 5명이 참여해 팀을 이루어 강연 후 임팩트 랩 토론을 진행했다. 전쟁의 고통과 아픔을 위로하며, 우정과 사랑 실천을 도모하는 국제 교류의 장이 되었다. 15세부터 청년 정치활동을 하는 사회민주당 청년 조직 SSU 대표단을 만나 다양한 활동과 교육 사례를 듣는 역동적 자리도 마련되었다.

SSU 출신 최연소 사회민주당 국회의원 아이다 의원은 청소년에게 사회적 일자리를 제공하고 피부로 와닿는 법안을 발의하는 경험을 이야기하며, 진심과 실천의 중요성을 강조했다. 강연자 중 단연 인기를 끈 이는 34세 아만다 린드블라드 시장이었다. 하얀 투피스와 금발 머리, 솔직 담백한 토크로 나다움과 진심 소통의 힘을 보여주었다.

덴마크 자유학교 모흔스 교장의 프로젝트 수업은 학생들이 활기를 찾고 좋은 수업 모델을 체험하는 기회가 되었다. 음악으로 시작해 내적 성장과 성찰, 조별 토론과 발표로 이어지는 배움은 자연 속에서 자기 혁신과 우정을 배우는 과정이었다. 스웨덴에서 본 풍경과 음식, 만난 사람들을 떠올리면 '검이불루화이불치(儉而不陋華而不侈)'라는 말이 생각난다. 검소하지만 누추하지 않고, 화려하지만 사치스럽지 않은 아름다움이 자연과 사람 속에서느껴졌다.

돌이켜보면, 재단과 함께한 3년 여는 30여 년 행복한 교육을 찾는 보물을 발견한 시간이었다. 55세인 나에게도 신부님이라는 거울이 있어 참사랑의 실천 교육을 행할 수 있었다. 누가 알아주지 않아도 공정과 정의라는 사회적 큰 화두에 밑알이 되는 참교육 가치의 씨앗을 뿌리는 재단의 일원으로서 변화와 혁신 속에서 하루하루 후회 없이 살아갈 힘을 얻는다.

  희망이 없다고 한숨지을 일이 많아도, 자기 자리에서 평화와 사랑을 염원하며 최선을 다하는 누군가의 연대가 살맛 나는 세상을 연다. 내일도 모레도 재단이 찾는 교육 현장과 사업에서 만날 인연과 감동을 기대하며, 나는 그래서 행복하다.

| 소감문 |

이태석글로벌리더십스쿨에 대한 소감문

고도연
우석대학교 1학년

이태석글로벌리더십스쿨 참가 전과 후의 달라진 점

이번 스웨덴에서 열린 이태석글로벌리더십스쿨 참가 전과 후를 비교해보면 제 안에서 세 가지 큰 변화가 있었습니다.

첫째, 리더에 대한 생각이 구체적으로 자리 잡았다는 것입니다. 사실 예전까지는 리더라는 존재가 저에게는 멀고 막연하게만 느껴졌습니다. 하지만 재단 활동과 여러 과정을 거치면서 점차 '내가 되고 싶은 리더는 어떤 모습일까?'라는 질문을 던지게 되었습니다. 제가 되고 싶은 리더의 모습까지 명확하게 그려볼 수 있었습니다. 제 가치관 정립을 설명하기 위해서는 조금의 부연설명이 필요합니다.

지금껏 제가 살아온 삶을 되돌아보면, 처음 이태석리더십스쿨 3기(광주)에서는 봉사하며 살아야 하는 이유를 배웠습니다. 남수단 현장에서는 그 봉사가 단순한 선택이 아니라 절실히 필요한 삶의 방식임을 깨달았습니다. 봉사와 사랑이라는 가치를 마음에 품고 시작한 재단 활동은 저를 많이 성장시켜 주었습니다. '좋은 리더는 무엇을 해야 하는가?'라는 질문으로까지 이어졌습니다. 그 답은 의외로 단순했습니다. 리더는 앞에서 이끄는 사람이 아니라, 뒤에서 모두가 올바른 방향으로 묵묵히 나아가도록 돕는 사람이라는 것. 바로 봉사와 사랑의 연장선에 있다는 것을 알게 되었습니다.

5기 조교 활동에서는 집단을 설득하고 이끌어가는 경험을 하며 또 다른 배움을 얻었습니다. 이번 스웨덴에서는 직접 리더의 역할을 맡아, 저만의 리더십을 만들어갈 기회를 얻었습니다.

둘째, 시각의 확장입니다. 출국 전날에는 사무실에 들러 선물을 포장하고, 우크라이나 학생들과 강연자 분들을 맞을 준비를 했습니다. 단순히 참가자가 아니라, 프로그램을 함께 만들어가는 사람으로서 바라보니 제가 할 수 있는 일이 훨씬 많았습니다. 그때 다짐했습니다. 앞으로는 조교가 아니더라도 먼저 나서서 도울 수 있는 일을 찾고, 중요한 일정 전에는 미리 준비를 돕겠다고요. 진정한 리더는 자신의 역할에만 머무르지 않고, 필요한 곳에서 언제든 손을 내미는 사람임을 깨달았기 때문입니다.

셋째, 나만의 리더상 확립입니다. 각 분야에서 활동하는 스웨덴 정치인 분들을 직접 만나 이야기를 들으면서, 제 리더상은 더 분명해졌습니다. 특히 올레 의원님께서 말씀해주신 "Don't be afraid. Don't worry. Don't be shy. Take a step. Do your best. You are good enough."라는 말은 제 마음속에 오래 남았습니다. 사실 저는 종종 저 자신이 부족하다고 느끼곤 했는데, 그 순간 "지금의 나도 충분하다"라는 위로와 용기를 동시에 받았습니다.

저는 이번 경험에서 좋은 리더란 정해진 틀에 맞추는 사람이 아니라, 자신만의 강점을 발견하고 장점을 세상에 나누는 사람이라고 확신했습니다. 리더십은 완성된 개념이 아니라, 끊임없이 고민하고 만들어가야 하는 과정이라는 것도 배웠습니다. 그 과정에서 저는 조금 더 단단해지고, 한 발짝 더 나아갈 용기를 얻었습니다.

가장 인상적인 강의와 강사님은? 이유는?

가장 인상 깊었던 강의는 스웨덴 의회 부의장 Kenneth G. Forslund의 강의였습니다. 처음에는 스웨덴 의회 부의장이라는 직함만 보고 '딱딱하고 어렵게 느껴지지 않을까' 걱정했지만 강연이 진행될수록 그런 선입견이 완전히 무너졌습니다.

Kenneth는 강연 시작에서 "내가 정말 하고 싶었던 일을 하고 있다는 기쁜 마음으로 시작한다. 이 일을 할 수 있는 것이 정말 큰 특권이다"라는 말을 전했습니다. 그 순간, 제가 평소 생각하던 것과 너무 비슷해서 마음속 깊은 부분이 열리기 시작했습니다. 저는 어떤 중요한 일을 맡을 때마다 끊임없는 자기반성에 사로잡히곤 했습니다.

그런데 Kenneth는 단순히 부정적인 반성에 머무르지 않고, "나는 이 일을 맡기에 충분한가?", "정말 내가 이 일을 하고 있는 것이 맞는가?"와 같은 긍정적인 성찰을 했습니다. 그의 이야기를 들으면서 저는 역할 수행 자체를 넘어서, 왜 내가 이 일을 맡고 있는지, 어떤 가치를 위해 하고 있는지를 돌아보는 시간이 중요하다는 사실을 깨달았습니다. 이는 단순히 내가 세상을 바라보는 시선에서 끝나지 않습니다. 세상이 나를 바라보는 제3의 시선을 의식하며 객관적으로 확인하는 과정이기도 합니다.

저는 세상을 더 나은 방향으로 바꾸고 싶다는 진심 어린 열망을 간직하고 있습니다. 앞으로는 단순히 부정적인 피드백에 매몰되지 않고, Kenneth처럼 나무보다 숲을 보는 시각을 지닌 사람으로 성장하고 싶습니다.

그리고 Kenneth는 "지금 공부하는 교육과정을 꼭 마무리하라"라는 말도 남겼습니다. 그는 빌 게이츠처럼 학업을 중도에 포기하고 성공한 사례는 극히 예외적인 경우일 뿐이며, 현실은 기본적인 학력과 자격을 갖추는 조건이 가장 중요한 기초가 된다고 강조했습니다. 저는 이 부분이 특히 마음에 와닿았습니다. 요즘은 "대학을 중퇴하고도 성공할 수 있다"라는 서사나, 유튜버와 같은 프리랜서 직업이 하나의 이상적인 모델처럼 인식되고 있습니다. 제 주변의 어린 학생들 역시 막연히 다른 길에서도 성공할 수 있다는 희망만 좇으며 학업을 가볍게 여기는 경우를 많이 보아왔습니다.

하지만 스웨덴처럼 개인의 자유와 역량을 존중하는 사회에서조차 의회 부의장이 학업의 중요성을 강조한다는 사실은, '교육'에 관심이 많은 저에게 확신을 주었습니다. 공부를 단순히 성적이나 스펙으로 축소시키는 것이 아니라, 앞으로 제가 선택할 길의 기초 체력을 쌓는 과정으로 바라보게 되었습니다. 그래서 저 또한 학업을 더 넓은 세상으로 나아가기 위해 하나의 기반으로 받아들이게 되었습니다.

가장 감동적인 순간들

이번 이태석글로벌리더십스쿨에서 가장 깊이 마음을 울린 순간은 두 가지였습니다.

첫 번째는 우크라이나 친구 Katerina와의 인연입니다. 우리는 같은 Impact Lab 조원이었고, 춤추고 노래하는 것을 좋아하며 밝고 외향적인 성격이 비슷해 금세 가까워졌습니다. 매일 밤 서로의 문화와 살아온 이야기, K-pop에 대한 관심, 우크라이나 입시 제도까지 다양한 대화를 나누며 마음 깊은 교류를 이어갔습니다.

그런데 아르멘 멜리키안님의 강연이 있던 날, Katerina가 우크라이나 관련 영상을 보며 눈물을 흘리는 모습을 보게 되었습니다. 그 순간 저는 큰 반성을 했습니다. 즐겁게 웃고 떠드는 시간 속에서, 이 친구들이 실제 전쟁을 겪고 그 아픔을 안고 있다는 사실을 잠시 잊고 있었습니다.

그날 저와 수아, Daria, Katerina는 강가에서 서로를 부둥켜안고 한 시간 반 넘게 음악을 들으며 함께 울었습니다. Daria가 전쟁의 트라우마로 힘들어하는 모습을 보면서, 저는 인터넷 너머로만 접하던 '전쟁'이라는 단어의 무게를 새삼 깨달았습니다. 전쟁은 결코 먼 나라의 이야기가 아니었습니다. 내 옆의 친구에게, 나의 가족에게, 그리고 언젠가 나에게도 닥칠 수 있는 현실이었습니다. 전쟁이 남긴 상처와 고통은 평생 사람들을 괴롭힌다는 사실을 절실히 느꼈습니다. 그래서 더더욱, 이 친구들을 위해 작은 일이라도 시작하고 싶고, 한국에 돌아가서도 이 경험을 알리고 싶다고 다짐하게 되었습니다.

이번 이태석글로벌리더십스쿨이 아니었다면 전쟁을 여전히 남의 일로 치부하며 살았을지도 모릅니다. 함께 아파하고 고통을 나눈 시간이 제 마음을 바꾸었고, 그 순간에 저는 성장했습니다. 이렇게 함께 마음이 찢어질 듯 아파하고, 서로의 고통을 나누는 시간을 통해 저는 오히려 감사함을 느꼈습니다. 그 힘든 감정을 온전히 받아들일 수 있었다는 것이 저에게는 큰 배움이었습니다. 시간이 지나면서 다행히 Daria는 조금씩 안정을 되찾기 시작했습니다. Katerina는 자신도 힘든 상황 속에 있으면서도 끊임없이 Daria를 챙기고 위로해 주었습니다. 그 모습을 보며 저는 스스로가 얼마나 작은 사람인가를 깨달았고, 동시에 다짐하게 되었습니다. 나 또한 언제든지 힘든 순간에 누군가를 위해 손을 내밀고, 그 곁을 지켜주는 사람이 되고 싶다고.

그리고 Impact Lab에서 저희 조의 프로젝트 주제를 정할 때, Katerina의 말이 제 마음을 깊이 울렸습니다. Katerina가 한국 학생들과 우크라이나 학생들을 연결하고 소통할 수 있는 프로그램을 만들자고 제안했는데, 그 이유가 바로 "우리" 때문이라고 했습니다. 우리와 함께하면서 자신의 아픔이 조금씩 치유되고, 마음이 회복되는 경험을 했다는 것입니다. 그래서 다른 사람들도 자신이 느낀 그 치유와 위로를 경험할 수 있도록, 그런 자리를 마련하고 싶다고 했습니다. 그 순간, 우리의 아주 작은 행동이 누군가의 상처를 어루만지고 삶을 변화시킬 수 있다는 사실이 너무나도 감사하고 행복했습니다.

　두 번째 감동의 순간은 한국 학생들의 변화였습니다. 저 역시 영어가 능숙한 편은 아니지만, 특히 영어 때문에 힘들어하는 친구들이 있었습니다. 저는 수업 내내 학생들을 살피며 잘 따라올 수 있도록 도왔습니다. 저도 스웨덴에 오기 전, 세미나 준비 과정에서 스스로가 너무 부족하다고 느껴 절망한 적이 있었습니다. 그러나 곧 깨달았습니다.

　나는 아직 배우는 입장이고, 실패는 부끄러운 것이 아니라 배움의 과정이라는 사실을요. 긴장은 어느 정도까지 좋은 자극이 되지만, 지나친 압박은 오히려 성장을 막는다고 생각합니다. 그래서 저는 틀리는 것을 두려워하지 않기로 했습니다. 오히려 실수 속에서 더 많이 배울 수 있다고 생각하며 질문하고 발표하는 데 주저하지 않았습니다. 이 얘기를 학생들에게 해주면서 용기를 북돋아 주었습니다.

　또한 영어에 능숙한 학생들을 각자 테이블마다 배치해 다른 학생들을 도울 수 있도록 했고, 강의 시간에는 챗GPT로 실시간 번역을 함께하며 이해를 도왔습니다. 그 결과 학생들이 더 잘 따라올 수 있었고, "훨씬 이해가 잘 됐다"라는 말을 들었을 때 큰 보람을 느꼈습니다. 제가 겪은 시행착오가 다른 학생들에게 길잡이가 되고, 앞으로의 도전을 위한 지침서가 될 수 있다는 사실이 저를 벅차게 했습니다.

재미있었던 에피소드

가장 흥미로웠던 점은 바로 저의 리더로서의 강점을 발견하고 동시에 단점을 보완할 수 있었다는 사실입니다. 저는 은별이와 함께 조교 역할을 맡아 리더로 활동했는데, 저희의 리더십 스타일은 완전히 달랐습니다. 은별이는 카리스마 있고 결단력 있는 이성적인 리더였고, 저는 학생들을 세심하게 살피고 소통하는 데 능한 감성적인 리더였습니다.

수업 중에 은별이가 예리한 질문을 던지며 모두에게 도움이 되고, 중요한 순간에는 카리스마 있게 학생들을 이끄는 모습을 보면서 정말 멋있다고 생각했습니다. 그런데 셋째 날 저녁, 은별이와 산책을 하던 중 제가 솔직한 마음을 털어놓았습니다. "나는 너처럼 무게감 있는 리더가 되고 싶은데 그게 잘 안 되는 것 같아"라고요. 그러자 은별이는 오히려 저에게 "나는 네가 학생들에게 친근하게 다가가고, 소외되는 친구를 챙기는 사려 깊은 모습이 부럽다. 나는 그게 잘 안 되는데 어떻게 그렇게 할 수 있냐"라고 물어보았습니다.

우리는 그때 서로가 부족하다고 느끼는 부분을 상대방이 이미 잘 해내고 있다는 사실을 깨달았습니다. 각자의 강점이 너무나 달랐기에, 오히려 서로를 통해 배울 수 있었습니다. 실제로 장성례 지부장님과 학생들에게도 "서로의 장점이 잘 어우러져 훌륭한 리더십을 발휘하고 있다"라는 말을 들었습니다.

같은 역할을 전혀 다른 방식으로 수행하면서도, 부족한 점을 서로 채워주고 성장할 수 있었다는 점이 정말 놀랍고 흥미로웠습니다. 이 경험을 통해 진정한 리더십은 혼자 완벽해지는 것이 아니라, 서로의 차이를 존중하고 함께 보완해 나가는 과정이라는 것을 깨닫게 되었습니다.

이태석리더십에 대한 생각

저는 이태석리더십을 '나비효과'라고 표현하고 싶습니다. 이태석 신부님 한 사람의 사랑과 헌신이 남수단 아이들을 의대생으로 이끌었습니다. 그 아이들이 또 다른 변화를 만들어냈습니다. 그 결과 지금의 이태석재단이 생겨났고, 저와 같은 학생들이 스웨덴까지 와서 리더십을 배우는 기회를 얻게 되었습니다. 한 사람의 작은 행동이 결국 세상을 바꾸는 거대한 힘으로 이어진 것입니다. 제가 생각하는 이태석리더십은 단순히 한 번의 행동에서 멈추는 것이 아니라, 세상을 변화시키는 지속적인 힘이라고 생각합니다.

저는 세상을 이롭게 하고, 모두가 행복한 세상에 기여하는 사람이 되고 싶습니다. 그 이유는 단순합니다. 제가 누군가를 돕고, 그로 인해 누군가가 희망을 품고, 마음이 따뜻해지고, 삶이 조금이라도 나아지는 것을 볼 때, 그것만큼 큰 행복은 없기 때문입니다. 이것이 제가 봉사하고 싶은 이유이기도 합니다.

처음에는 고아원이나 요양원에서 제가 직접 봉사하는 일을 꿈꿨습니다. 하지만 지금은 그보다 더 큰 영향을 미칠 수 있는 일을 꿈꾸게 되었습니다. 예를 들어 단체를 만들거나, 콘텐츠를 제작하여 개인을 넘어 사회 전체에 선한 영향을 끼치는 것이 제 비전입니다. 그런 사람이 되기 위해서는 저 스스로가 크게 성장해야 한다고 믿습니다. 그래서 이번 스웨덴에서 배운 것들을 단순한 경험으로 끝내지 않고 제 삶 속에 녹여내어 실천하려 합니다.

또한 리더십스쿨이 단지 일회성의 경험으로 끝나는 것이 아니라, 졸업 이후에도 서로 소통하고 의견을 나누며 함께 성장할 수 있는 장(후속 활동)을 만들고 싶습니다. 저는 그것이 이태석리더십의 정신을 이어가는 또 다른 길이라고 믿습니다.

앞으로 사랑과 봉사를 어떻게 실천할 것인지, 그 계획은?

한국에 돌아온 후 저는 큰 고민에 빠졌습니다. 스웨덴에서 느낀 한계의 돌파와 자신감은 사라졌습니다. 다시 반복적인 일상 속으로 돌아오니 마치 한여름 밤의 꿈에서 현실로 떨어진 듯한 기분이었습니다. '과연 내가 할 수 있는 일이 있을까?'라는 절망감이 다시 찾아왔습니다.

그러던 중 재단 사무실에서 열린 사전 세미나가 저에게 새로운 시각을 열어주었습니다. "될성부른 나무는 떡잎부터 다른가?"라는 질문에 대화하고 토론을 들으면서 제 생각은 점점 확장되었습니다. 은별은 "모든 사람에게 다른 형태의 리더십이 있다"라고 했고, 찬하는 "정원에는 다양한 나무가 있기에 그 다양성이 중요하다"라고 말했습니다. 또 정경미 지부장님은 "사람은 어떤 경험과 인연을 만나느냐에 따라 달라질 수 있다"라고 하셨습니다. 마지막으로 구진성 대표님께서는 "여러분의 시대는 아직 오지 않았다. 준비가 필요하다. 인생은 홀로서기가 아니다"라는 말씀을 해주셨습니다.

그 순간 저는 크게 깨달았습니다. 누군가는 환경 때문에 떡잎이 없는 것처럼 보일 수 있지만, 그들이 자기만의 잎을 찾을 수 있도록 돕는 것이 제 역할일 수 있다는 것. 제 안의 떡잎도 그냥 두느냐, 잘 키우느냐는 제 선택에 달려 있다는 것. 마음가짐은 다짐에서 끝나는 것이 아니라 끊임없는 실천으로 이어져야 한다는 것. 도움을 요청받을 때까지 기다리지 않고 먼저 다가가는 자발성과 주체성이 필요하다는 것.

특히 우크라이나 친구들을 떠올리며, '언젠가 연락해야지'라고 미루는 것이 아니라, 그 마음이 생긴 순간 바로 행동으로 옮겨야 한다고 생각했습니다. 시간은 결코 나를 기다려주지 않기 때문입니다. 이런 깨달음을 바탕으로 저는 앞으로 다음과 같은 실천 계획을 세웠습니다. (Should가 아니라 Could의 일을 써봤습니다.)

(1) 멘토링

스웨덴에 다녀온 후 지금 당장 실천할 수 있는 봉사로 무료 수학·영어 과외와 대입 멘토링을 시작했습니다. 현재 8월 둘째 주부터 스웨덴 스쿨 학생 6명(김강민, 최서영, 장관영, 송수아, 윤예림, 박경원)과 매주 구글 미팅으로 수업을 진행하고 있습니다. 경원이가 저에게 이런 기회를 줘서 너무 고맙다며, "나도 언니처럼 대학생

때 내가 할 수 있는 봉사를 하고 싶어. 그러려면 지금 열심히 공부해야겠어. 정말 고마워, 언니!"라는 말을 전해줘서 멘토링에 더 확신을 더 갖고 진행하고 있습니다. 이렇게 위에서 언급했듯이, '나비효과'처럼 퍼져가는 이태석 리더십을 실천하고 있어서 뿌듯합니다.

(2) Impact Lab

스웨덴에서 배운 따뜻한 리더십을 바탕으로 Impact Lab 활동에 적극 참여하고 있습니다. 저는 사람을 돌보고 격려하는 데 강점이 있지만, 때로는 프로젝트를 단호하게 이끌어야 할 순간도 있습니다. 그런데 저는 그런 리더십이 아직 부족하다고 생각합니다. 그래서 저는 Impact Lab을 통해 이런 점을 보완하고 싶습니다. 우크라이나 학생들과 함께하는 프로젝트는 쉽지 않습니다. 하지만 이 과정을 통해 많은 덕목과 자질을 배우고, 실제로 도움이 되는 결과를 만들어내고 싶습니다.

Impact Lab 방향성을 논의할 때 대표님께서 Role Setting의 중요성을 강조하셨습니다. 특히 역할을 재설정할 때의 단점(cons)을 들으며 큰 깨달음을 얻었습니다. 역할 재설정은 효율적인 분배와 더 나은 진행을 가능하게 한다는 장점이 있습니다. 하지만 이와 동시에 원래 역할을 잃거나 조정된 사람 입장에서는 좌절감을 느낄 수 있습니다. 그때 '리더십은 단순히 일의 분배를 넘어, 구성원 개개인의 감정과 자존감까지 세심히 돌보아야 하는 것이구나. 이런 섬세한 배려는 선택이 아니라 필수구나'라는 걸 깨달았습니다. 결국 리더란 더 큰 그림을 그리고, 그 속에서 사람과 일, 모두를 균형 있게 살필 수 있는 사람인 것 같습니다.

(3) 개인적인 과제

글로벌 리더가 되기 위해 영어 공부를 꾸준히 이어갈 계획입니다. 이동 시간에는 TED 강연을 듣고, 회화에 자주 쓰이는 표현을 공부하고 있습니다. 또한 세계사와 정치에 대한 이해가 부족함을 느껴 이 분야 공부도 병행하려 합니다.

(4) 작은 학생 단체 설립

뜻이 맞는 사람들과 함께 작은 단체를 만들어 지자체와 협력해 봉사활동을 이어가고 싶습니다.

(5) 전쟁의 실태 알리기

우크라이나를 비롯해 여전히 전쟁과 고통 속에 살아가는 사람들의 이야기를 알리고 싶습니다. 스웨덴에서 만난 친구들의 상처와 눈물을 잊지 않고, 한국에서도 이를 알리는 활동을 이어갈 계획입니다.

이처럼 다른 사람들의 이야기를 듣고 제 생각을 수정하며 새로운 길을 정리해 나가는 과정은 저에게 큰 기쁨입니다. 앞으로도 저는 배움과 실천을 멈추지 않고, 사랑과 봉사의 길을 제 삶 속에서 구체적으로 실현해 나가고 싶습니다.

이태석글로벌리더십스쿨 소감문

김강민
충남고등학교 2학년

스톡홀름 공항에 늦게 도착해서 이튿날 일정을 시작했다. 스톡홀름에서 우크라이나 친구들과 만나 봄메르스빅으로 이동했다. 처음 외국인 학생들을 만났을 땐 좀 많이 어색했고, 내 영어 실력이 통할까 하는 생각에 다가가지 못했다. 한국에서 한국 멤버들을 만났을 때도 난 적극적으로 사람들에게 다가가지 못했다. '지내다 보면 익숙해지겠지'라는 안일한 생각과 '원래 나는 이런 성격이라'라는 마인드로 어색한 상황을 합리화했던 것 같다. 하지만 글로벌 리더로 성장하기 위해선 먼저 적극적으로 말을 걸고 주도적으로 아이스브레이킹을 하려는 자세가 필요할 것 같다. 쉽지는 않겠지만, 처음 보는 사람을 마주했을 때 먼저 다가가려는 노력을 조금씩 해봐야겠다. 어쨌든 적극적으로 다가와 준 리더십스쿨 학생들 덕분에 나는 빨리 적응할 수 있었다.

많이 짜서 놀랐던 점심식사와 올레 의원님과의 스몰토크, 그리고 강의를 들은 후 저녁식사 시간이 되었다. 우리는 아름다운 호수에서 수영을 하고 싶어 했다. 하지만 안전상의 이유뿐만 아니라 배우러 온거지 놀러온 게 아니라며 구진성 대표님께서 반대하셨다. 올레 의원님에게 이 점에 대해 이야기했는데 그는 설득이 쉽지 않을 거라 했다. 우리는 저녁식사 시간에 올레 의원님에게 배웠던 설득의 방법을 해보기로 하고 영어로 준비했다. 친구들과 함께 부탁을 드리면서 '이게 될까?'라는 생각을 했다. 하지만 대표님께서 설득하려는 노력이 가상하다며 허락해 주셨다. 항상 남을 설득할 때 웃으면서 설득해 본 경험이 없었던 것 같다. 하지만 이번 경험을 통해 상대와 기분 좋은 분위기를 유지하면서 설득하는 방법을 터득하게 되었다.

다음 날 스톡홀름에 있는 의회에 갔다. 올레 의원님께서 우리를 위해 직접 투어를 시켜 주셨다. '의회 투어를 시켜 주는 5선 의원'이라니 참 이상했다. 정치인들의 권위가 있는 대한민국에서는 결코 없을 일 같았다. 의원이 보통 시민과 다르게 인식되지 않고, 권위적이지 않은 스웨덴의 정치 문화가 매우 마음에 들었다. 이런 체제를 유지해야 국민들의 목소리가 정치에 더 잘 반영될 수 있다고 생각한다. 대한민국이 배워야 할 점 중 하나이다. 의회의 자리

배치도 매우 인상 깊었다. 정당별로 앉는 한국과 달리, 스웨덴 의회는 다른 정당 의원들과도 같이 앉는다. 그래서 억지로 다른 정당의 사람들과도 대화하게 된다고 한다. 분열과 갈등의 정치를 극복하기 위해서 이런 사소한 자리 배치도 도움이 될 수 있겠구나를 깨달았다.

그 후 최연소 의원인 아이다 의원의 강의를 들었다. 무려 만 23세에 원내에 입성한 것이다. 그녀의 강의에서 '너의 리더십 스타일을 찾으라'는 점이 인상 깊었다. 원래 나는 '이상적인 리더십'이라는 프레임이 존재하는 줄 알았다. 하지만 그녀는 사람의 성향에 따라 강력한 리더, 부드러운 리더와 같이 다양한 리더의 유형이 존재한다고 하며 자기 자신을 알고 자신을 드러내는 게 중요하다고 했다. 또한 귀찮게 생각하지 말고 남들보다 조금 더 일하고 열심히 하는 것이 자신감을 높인다고 이야기해 주었다. 나와 나이 차이가 얼마 나지 않는 의원님이 그런 얘기를 해 주시니까 더욱 내 삶에 대한 동기부여가 되었다.

Q&A 시간에 그녀에게 한국에선 젊은 사람들의 의견이 비전문적이고 철없다는 이유로 젊은 사람으로서 의견 내기가 어렵다는 점에 대해서 질문드렸다. 그러자 그녀는 젊은 사람의 의견은 기존 질서에 '틀린 것'이 아니라 '다르고 새로운 것'일 뿐이라고 말씀해 주셨다. 그러니 너의 의견에 자신감을 가지라는 조언을 해주었다.

강의를 들은 후, 스톡홀름 시내에서 더 놀고 싶었지만 일정과 안전상 그렇게 할 수 없다고 하셨다. 그 당시엔 많이 아쉬웠지만,

다시 생각해 보니 놀러 간 것이 아니라 배우러 간 것인데 관광을 하고 싶어 했던 내가 부끄러웠다.

스톡홀름에서 다시 봄메르스빅으로 복귀한 후 Impact Lab 프로젝트를 안내받고 조를 배정받았다. 처음 Impact Lab을 접한 느낌은 '막막함'이었다. 아무 아이디어도 없는 데다 재정, 인원, 타임라인 등 요소를 모두 고려해서 구체적으로, 대학 수준 이상으로 기대한다는 구교산 미주지부장님의 말씀은 내 부담을 더 고조시켰다. 하지만 조원들과 대화하면서 그런 불확실성은 조금씩 사라져 갔다. 그날은 Impact Lab 첫날이기 때문에 간단한 브레인스토밍을 진행했고, 다양한 의견들이 나왔다. 생각했던 것보다 좋은 의견들이 많이 나와서 조원들과 함께라면 멋진 프로젝트를 완성시킬 수 있을 것 같다는 생각이 들었다.

우리 팀에는 Viktoriia라는 우크라이나 학생과 조교를 맡고 있는 은별 누나가 있었다. 어떤 식으로 논의를 진행해야 할지 잘 모를 때 두 사람이 잘 진행해 주시고, 좋은 아이디어도 많이 내 주셨다. 또한 내 아이디어에도 더욱 풍성하게 살을 붙여 주셨다.

Impact Lab의 첫 번째 회의가 끝나고 밤 9시 30분 정도가 되었다. 그때 해가 지고 있었는데, 내가 봤던 일몰 장면 중 가장 아름다웠다. 밤 9시가 넘은 풍경이라고는 믿기지도 않았다. 세상엔 정말 다양한 아름다움이 있다는 걸 느낄 수 있었다.

다음 날 아침, 올레 의원님과 아이다 의원의 강의를 듣고 느낀 점을 공유하는 시간이 있었다. 그때 우크라이나 학생들과 느낀 점에 대해 공유하다가 한국의 '정' 문화 얘기가 나왔다. 한국의 따뜻한 정 문화를 우크라이나 학생들은 신기해했고, 대가 없이 남에게 무언가를 베푼다는 것에 많이 놀라 했다. 한국 문화에 대해 자부심이 생겼고, 개인주의의 만연으로 인해 사라지고 있는 이런 문화를 지키기 위해 노력해야겠다는 생각을 했다.

점심을 먹고, 스웨덴 최대 의석을 가진 사회민주당의 청소년 연맹(SSU)이 왔다. 한국에도 비슷한 청년 조직이 존재하지만, 규모가 매우 작고 실질적인 영향력도 매우 작다. 하지만 SSU는 2만 명이 넘는 인원을 보유하고 있으며, 많은 정상급 정치인들도 이 단체를 거쳐 간 경우가 많다. 한국에 돌아와서 SSU의 이사인 마리암의 인스타그램을 보니 정말 많은 행사와 집회 등에 참여하며 목소리를 내고 있었다. 우리나라도 SSU처럼 청년들이 목소리를 낼 수 있는 기회가 많아져야 젊은 사람들의 의견이 정치권에 더 잘 반영될 수 있다. 어떻게 하면 우리나라도 이런 문화를 활성화할 수 있을지 고민해봐야겠다.

그들의 강의가 끝난 후, 우리가 지내고 있던 봄메르스빅 투어를 했다. 왔다 갔다 하면서 봤던 평범한 집이 스웨덴에서 가장 존경받는 총리가 지내던 곳이라는 점에서 놀랐다. 또한 친구들과 수다를 떨었던 사우나도 정치인들이 회의 후 함께 와서 대화했던 곳이라는 점도 놀라웠다.

저녁을 먹고 두 번째 Impact Lab 회의를 했다. 어제 나왔던 다양한 의견 중 괜찮은 걸 얘기해 보고, 비슷한 아이디어끼리 묶기도 했다. 사실 같은 팀원 중 빅토리아라는 우크라이나 학생이 있었는데, 똑똑하고 좋은 아이디어도 많이 냈다. 하지만 내 영어 실력이 조금 부족해서 100퍼센트 이해하지는 못했다. 글로벌 인재가 되기 위해선 영어 실력을 더 키워야겠다는 생각을 하게 되었다.

다음 날, 세계에서 가장 행복도가 높은 덴마크의 자유학교 교장님의 수업으로 아침을 시작했다. 한국 학교에서 보이는 아침의 모습과는 많이 달랐다. 긍정적인 가사의 노래를 함께 부르고 스트레칭으로 하루를 시작했다. 한국에선 아침에 조는 학생이 많고, 나 또한 피곤해 하면서 수업을 듣는다. 하지만 이런 방식이 오전 일정을 상쾌하게 시작할 수 있게 해주었다.

그리고 진행된 수업에선 강의 중심적 수업이 아닌 대화와 토론 중심의 수업이 진행되었다. 다양한 주제를 놓고 자리를 바꿔 가며 이야기를 나눴다. '진정한 교육은 무엇일까'라는 주제로 진행했던 토론이 가장 인상 깊었는데, 한국 학생들끼리 서로 학교에 대해 얘기했다. 일반고, 국제고, 대안학교 등 다양한 유형의 학교가 있었는데 많은 차이점이 존재했다. 하지만 공통적으로 덴마크 학교 시스템에 비해선 학생의 자율성과 자발성이 떨어지며, 대부분 대입을 목표로 하고 있다는 차이가 있었다.

한국 교육은 이미 수십 년 동안 경쟁 위주 시스템으로 운영되었기 때문에 교육 시스템의 급진적인 변화는 불가능하다고 생각한다. 하지만 어느 정도의 시간은 대입에서 벗어나 학생이 주체가 되어 진행할 수 있는 교육 프로그램이 마련되었으면 좋겠다.

점심을 먹고 오후에는 우크라이나 구호 활동을 하고 있는 아르멘 멜리키안님이 오셨다. 나는 그가 우크라이나 사람이 아닌 것에 놀랐다. 목숨을 걸고 다른 나라를 구한다는 것이 정말 놀라웠고, 존경스러웠다. 그는 강의에서 현재 우크라이나의 상태에 대해 알려 주었는데, 많은 우크라이나 학생들이 울기 시작했다. 가슴이 아팠고, 한편으론 너무 미안했다.

스웨덴 오기 전에는 우크라이나 전쟁을 경제적·국제적 관점에서 바라보며 전쟁으로 인한 이민자, 고아 등 상처받은 사람의 입장은 잘 고려하지 않았던 것 같다. 하지만 친구들의 트라우마를 옆에서 직접 보면서 어떤 이유에서든 전쟁은 안 된다는 걸 몸소 느꼈다.

이날 나를 포함한 한국 학생들이 강의 중에 많이 피곤해했다. 책임 있는 리더가 되기 위해선 또렷한 상태로 일정을 소화할 수 있게 컨디션 관리를 하고, 아무리 피곤해도 정신력으로 졸음을 이기려는 연습을 해야겠다는 다짐을 했다.

　이후 진행된 세 번째 Impact Lab 시간에서 우리 조는 한국과 우크라이나에 대한 이야기를 깊게 했다. 특히 교육 이야기를 주로 했는데, 우크라이나도 우리나라만큼이나 교육에 있어서 열정이 있다는 사실을 알게 되었다. 이 대화를 통해 우리는 전문적인 강연이나 코칭 없이, 단순히 다른 문화의 학생이 대화를 나누는 것만으로도 충분히 서로의 문화에 대한 이해를 높일 수 있다는 걸 알게 되었다. 그래서 우리 프로젝트 방향은 온라인 미팅을 통해 다른 문화권의 학생들이 자유롭게 소통할 수 있는 장을 만들자는 방향으로 발전했다.

　모든 일정이 끝난 후, 모든 학생이 모여서 체육 활동을 하고, 춤을 추며 놀았다. 언어와 국적의 벽이 무너지는 것 같았고, 정말 친한 친구처럼 교감할 수 있는 소중한 시간이었다.

　다음 날은 내가 가장 기대했던 분 중 한 분인 국회 부의장님이 오셨다. 그를 처음 봤을 때 첫인상은 조금 무섭고 카리스마 있게 생기셨다고 생각했다. 하지만 열정적으로 강의해 주시고 사진 찍어 주시는 모습을 보고 참 따뜻한 분이라고 생각하게 되었다. 그는 항상 "eager mind"를 갖추고 실패를 두려워하지 말라고 했다. 또한 정치인은 커리어를 계획할 수 없는 일이기 때문에 신뢰와 우연이 매우 중요하고, 청렴해야 한다고 했다.

　오후에는 이태석재단과 우크라이나포럼 간에 MOU 체결식이 있었다. 그 후 짧은 강의도 함께 진행했는데, 우크라이나 사람들에 관한 이야기였다. 강의 중에 우크라이나 사람들은 전쟁의 아픔을 잊기 위해 유머를 활용한다는 부분이 충격적이었다. 예를 들어, 자기가 살던 마을에 폭탄이 떨어져 건물이 부서지면 "우리 마을 경치가 더 좋아졌어!"라고 농담한다고 했다. 어제 강의에서 울던 우크라이나 학생들처럼 전쟁으로 인해 큰 상처를 입었을 사람들이 이런 방식으로라도 고통을 잊으려 한다는 게 너무 가슴 아팠다.

이 충격은 한국에 돌아가서 전쟁으로 인해 상처 입은 사람들을 돕는 일에 참여해야겠다고 생각하는 계기가 되었다.

다음 날 다시 스톡홀름을 방문했다. 스톡홀름 의회에서 의원실에 들어가 볼 수 있었는데, 한국의 의원실의 모습과는 매우 달랐다. 좁은 방에 책상 하나, 옷걸이만 있었고, 사람 7명이 들어가니 꽉 찰 정도의 크기였다. 이런 요소 또한 권위적이지 않은 정치인을 상징하는 것 같았다.

이날 국회에서 스톡홀름 부시장, 대한민국 스웨덴 대사, 스웨덴 전 외교부 장관님의 강의를 들었다. 내 장래 희망 중 하나인 외교관님을 직접 뵐 수 있어서 내 진로에 대해 돌아볼 수 있는 기회가 되었다. 외교부 장관님 강의도 인상 깊었는데, 자신의 약점이 화를 잘 내는 성격이라고 하셨다. 그녀는 자신의 강점과 약점을 직시하고, 그에 맞는 설득 전략을 짠다고 했다. 자신의 약점을 직시하고 그걸 남들 앞에서 말하긴 참 어려운 일인데 대단하다는 생각이 들었다. 실제 국가 간의 협상 이야기를 들어 보니 신기하고 영광스러웠다.

오후에 봄메르스빅에 복귀한 후 최연소 여성시장인 아만다 시장님의 강의를 들었다. 그녀의 강의 중 자존감과 자신감에 대한 얘기가 인상 깊었다. 세상 살면서 나보다 대단해 보이는 사람들 앞에서 위축되기 마련인데, 그녀는 그런 상황에서 어떤 식으로 자신감을 찾고 자존감을 느꼈는지 설명해 주었다. 또한 젊은 사람으로서 리더십을 발휘할 때, 직원들과 평등한 위치에서 일하고, 강단을 발휘해야 할 때 단호함을 발휘한다고 하셨다. 젊은 리더는 사실상 힘들다고 생각했는데, 아만다 시장님의 강의를 듣고서 자신감을 얻을 수 있었다.

시장님의 강의까지 끝난 후 다음 있을 Impact Lab 발표를 위해 마지막으로 팀원들이 모였다. 발표 준비를 하는데, 스스로 많이 위축되어 있었던 것 같다. 그때 조원들과 지부장님이 많은 용기를 주셨다. 표현을 너무 겸손하게 할 필요 없고, 말을 너무 빠르게 할 필요 없이 여유를 가지고 해도 된다고 하셨다. 앞으로 오바마와 같은 분들의 연설을 보고 따라 해 보라며 어떻게 연습해야 할지 조언도 해 주셨다. 성공적으로 팀 발표를 마쳤고, 감사하게도 우리 프로젝트가 선정되었다.

그러나 그 기쁨도 잠시, 마지막 밤이라는 생각에 너무 아쉬웠다. 자주 보기 어려운 친구들과 사진을 찍고, 연락처도 교환하며 따뜻한 얘기들도 나누었다. 다음 날 공항에서 정말 작별 인사를 하고 아쉬운 마음으로 비행기에 몸을 실었다.

한국에 도착했을 땐 정말 긴 꿈을 꾼 것 같은 기분이 들었다. 일주일간의 스쿨을 통해 내 시야는 훨씬 더 확장되어 있었고, 삶의 가치관 또한 달라져 있었다. 국제적인 일에 관심을 가지게 되었으며, '학생 땐 공부에만 집중해야지'라는 생각을 뒤로하고 우크라이나 관련 포스터를 만들고 편지를 모으기도 계획하고 있다. 유명 정치인들의 강의를 기대하고 갔지만 우크라이나 친구들과의 교류, 리더가 되고자 하는 한국 학생들과의 일주일 생활, Impact Lab 프로젝트, 우리를 위해 봉사해 주시는 구교산 지부장님 등… 강의 외적으로 정말 배운 것이 많다.

제가 이렇게 성장할 수 있는 발판을 마련해 주신 구진성 대표님, 구교산 미주지부장님, 감독님들, 스웨덴 정치인 분들, 후원자님들, 우크라이나 학생, 한국 학생, 학부모님 등 보이지 않는 곳에서 도와주신 모든 분께 다시 한 번 감사를 드립니다.

이태석글로벌리더십스쿨 소감문

김소담
인천국제고등학교 3학년

1. 글로벌 리더십스쿨 참가 전과 후의 변화

처음 이태석글로벌리더십스쿨 합격 소식을 들었을 때, 내 마음은 설렘과 두려움이 뒤섞여 있었다. 스웨덴이라는 낯선 환경에서 새로운 친구들과 영어로 소통하고, 깊이 있는 토론을 한다는 것은 나에게 큰 도전이었다. 영어로 내 생각을 정확히 전달할 수 있을지, 전 세계에서 모인 참가자들과 비교해 내가 충분히 경쟁력을 갖출 수 있을지 걱정과 의심이 끊이지 않았다. 낯선 환경에서 홀로 서야 한다는 부담감이 마음 한 켠을 무겁게 눌렀지만, 동시에 새로운 배움과 성장의 기회가 기다리고 있다는 기대감이 내 안에 희미하게 자리 잡고 있었다.

스웨덴에서의 시간은 그런 불안을 서서히 지워 주었다. 강의와 토론, 다양한 팀 활동을 통해 나는 도전의 핵심은 완벽함이 아니라 용기임을 느꼈다. 처음에는 주저하며 한 발 물러서 있던 내가, 조금씩 한 걸음씩 내디디며 'step by step'의 힘을 체감했다. 완벽해 보이는 결과보다 부족하더라도 시도하고 배우는 자세가 성장의 진정한 원동력이라는 것을 배웠다. 또한 다른 친구들이 각자의 배경과 경험을 바탕으로 열정적으로 의견을 나누는 모습을 보면서, 나 역시 내 생각을 자유롭게 표현하는 것이 얼마나 중요한지 깨닫게 되었다.

　이 변화는 일상 속에서도 나타났다. 발표를 준비할 때 아이디어를 더 적극적으로 제시하고, 팀 내 의견을 조율할 때도 주저하지 않고 목소리를 내게 되었다. 무엇보다 실패에 대한 두려움이 사라졌다. 이제 나는 실패를 끝이 아닌, 더 나은 나로 나아가는 과정의 일부로 받아들일 수 있게 되었다. 작은 실수조차 배우고 성장할 수 있는 기회로 여기게 되면서, 도전 앞에서 겁을 내던 과거의 나와는 확연히 달라진 자신을 발견할 수 있었다.

　참가 전의 나는 가능성보다 한계를 먼저 바라보던 사람이었다. 그러나 참가 이후, 나는 더 넓은 세상을 향해 나아갈 용기와 자신감을 얻었다. 이번 경험에서 비롯된 변화는 단순히 활동을 마쳤다는 사실로 끝나지 않는다. 앞으로 어떤 길을 선택하든, 나는 해낼 수 있다는 믿음을 내 안에 심어 주었다. 이제 나는 도전을 마주할 때 주저하지 않고, 한 걸음씩 앞으로 나아가는 법을 아는 사람이 되었다.

2. 가장 인상 깊었던 강의와 강사님

　수많은 강의 중에서도 가장 인상 깊었던 순간은 올레 토렐 의원님의 강연이었다. 이번이 의원님의 강연을 네 번째로 듣는 자리였지만, 그날의 이야기는 여전히 새롭고 깊게 다가왔다. 강연은 담백했지만, 그 여운은 오래도록 강렬하게 남았다. 의원님은 "성공이 보장되는 쉬운 일보다, 어려운 것을 해보라"라는 말씀을 하셨다. 그 말은 마치 나에게 직접 던지는 질문처럼 느껴졌다. 지금까지 나는 안정적인 선택에 안주하며 실패하지 않는 길을 찾는 데만 집중해 왔다는 사실을 깨달았다. 어렵고 불확실한 길을 피하면서 스스로를 시험하지 않았다는 반성이 밀려왔다. 그 순간, 나는 스스로에게 질문을 던졌다. "나는 정말 원하는 것을 위해 도전하고 있는가?"

　올레 토렐 의원님은 리더십이란 자신을 믿고 열린 마음으로 타인의 목소리를 경청하며, 결단의 순간에는 흔들림 없이 나아가는 능력이라고 말씀하셨다. 이 과정에서 중요한 것은 완벽한 답을 찾는 것이 아니라, 끊임없이 성찰하며 더 나은 선택을 만들어 가는 태도라고 강조하셨다. 나는 그 말씀 속에서 앞으로 내가 어떤 리더가 되어야 하는지를 구체적으로 그려볼 수 있었다. 단순히 조직을 이끄는 능력이 아니라, 상황 속에서 스스로 판단하고 성장하며, 주변 사람들과 함께 더 나은 방향으로 나아가는 리더가 되어야 한다는 깨달음을 얻었다. 이때 느낀 것은 진정한 리더십은 눈에 보이는 성과나 결과만으로 평가할 수 없으며 과정에서 드러나는 성실함과 태도가 무엇보다 중요하다는 점이었다.

특히 기억에 남는 것은 "우리는 서로를 도울 의무가 있다"라는 말씀이었다. 그 말은 리더십이 혼자 빛나는 것이 아니라, 함께 성장하며 서로를 끌어올리는 과정임을 일깨워 주었다. 이는 내가 참여했던 Impact Lab 활동과도 깊이 맞닿아 있었다. 우크라이나 전쟁 고아들과 한국 학생들을 연결해 서로의 이야기를 나누고, 감정적으로 지지할 수 있도록 준비했던 프로젝트를 떠올리면, 연대의 의미가 얼마나 중요한지 더욱 실감할 수 있었다. 혼자가 아니라 서로에게 힘이 되어 주는 과정 속에서 진정한 리더십이 발현된다는 사실을 몸소 느낄 수 있었다. 그 경험을 통해, 리더로서의 역할은 단순히 지시하거나 결과를 관리하는 것이 아니라, 사람들과 관계를 맺고 서로를 이해하며 함께 나아가는 과정임을 깨달았다.

그 강연은 단순히 지식을 전달하는 자리가 아니었다. 나는 그 자리에서 리더로서의 새로운 기준을 세웠다. 나만의 색깔로 사람들과 협력하며 스스로 선택한 길에 책임지고, 자신 있게 결정할 수 있는 리더가 되어야 한다고 생각했다. 더 이상 실패를 두려워하지 않고, 어려움 속에서도 성장과 변화를 추구하겠다는 결심이었다. 올레 토렐 의원님의 말씀은 단순한 강연을 넘어 앞으로 내가 나아갈 길을 비춰 주는 등대와 같았다. 리더란 단순히 사람들을 이끄는 존재가 아니라, 자신과 타인을 이해하고 함께 성장하며 필요한 순간에는 책임 있게 결정하는 사람임을 깨달았다. 앞으로의 길이 쉽지는 않겠지만, 그 길 위에서 조금씩 더 나은 선택을 하며 성장해 나가리라 다짐했다.

3. 가장 감동적이었던 순간

스웨덴에서 가장 감동적인 순간은 한국으로 돌아오기 직전, 공항에서 우크라이나 친구 캣츠가 내게 편지를 건네주었을 때였다. 공항에 도착해 버스에서 내린 직후, 아무렇지 않게 내 손에 쥐여 준 그 편지에는 이렇게 적혀 있었다. "I'm so happy to see you. you are so cool, I want to see you shine." 그 짧은 문장 속에는 친구의 진심과 나를 향한 믿음이 고스란히 담겨 있었다.

한국으로 돌아오는 비행기 안에서 혼자 그 편지를 다시 읽으며 눈물이 고였다. 스웨덴에서 함께했던 즐거운 순간들과 헤어짐의 아쉬움이 겹쳐 마음이 복잡했지만, 그 한마디 한마디가 내게 큰 용기와 위로가 되어 주었다. 단순한 문장이었지만, 그 안에 담긴 마음은 내가 앞으로 나아가야 할 길을 지지해 주는 힘이 되었다. 그 순간, 진심 어린 마음이 누군가에게 얼마나 큰 힘이 될 수 있는지를 온몸으로 느꼈다.

이 경험을 통해 나는 진심이 가진 힘을 배웠다. 누군가의 진심 어린 말 한마디와 작은 마음이 또 다른 누군가의 삶을 움직이고, 새로운 용기를 만들어낸다는 사실을 잊지 않을 것이다. 앞으로는 단순히 응원받는 사람이 아니라, 누군가에게 진심 어린 용기와 힘을 전하는 사람이 되고자 한다. 그렇게 작은 진심들이 모여 서로에게 힘이 되는 순간을 만들어 갈 수 있다고 믿는다.

4. 재미있었던 에피소드

스웨덴에서 가장 인상 깊고 재미있었던 순간 중 하나는 첫 일정이 끝난 저녁, 숙소 근처 강가에서 친구들이 수영을 즐기던 모습을 본 일이었다. 올레 토렐 의원님께서 청소년들과 함께 자연스럽게 물에 들어가 웃으며 시간을 보내는 모습을 보고 큰 놀라움과 감동을 느꼈다. 우리나라에서는 쉽게 볼 수 없는 장면이었다. 정치인과 학생들이 편안하게 어울리며 서로를 존중하는 모습은 단순한 수영 이상의 의미를 지녔다. 그 순간, 리더십이란 권위적 위치에 있는 것이 아니라 사람들과 신뢰를 쌓고 함께하는 행동 속에서 나타난다는 사실을 생생하게 깨달았다. 작은 행동 하나에도 신뢰와 연대가 담길 수 있으며, 그것이 큰 감동과 배움으로 이어질 수 있음을 몸소 경험했다.

며칠 후 맞이한 십 대의 마지막 생일은 또 다른 의미로 특별했다. 한국이 스웨덴보다 7시간 빨라 전날 오후부터 친구들의 축하 메시지가 도착했고, 덕분에 하루 종일 따뜻한 마음을 느낄 수 있었다. 그날 저녁, 평소처럼 숙소 근처에서 식사 후 노을을 바라보며 사진을 찍고 있던 순간, 친구들이 갑자기 생일 축하 노래를 부르기 시작했다. 전혀 예상하지 못한 깜짝 이벤트였다. 친구들이 층층이 쌓은 빵에 빨대를 꽂아 만든 케이크를 들고 나타났고, 직접 그린 그림까지 건네주었다. 맑고 선명하게 빛나는 하늘 아래에서 우리는 함께 웃고, 노래하고, 사진을 찍으며 그 순간을 오래도록 기억에 새겼다.

그날의 경험은 단순한 축하를 넘어, 사람과 사람 사이의 진심과 행동이 얼마나 큰 힘을 지니는지를 깨닫게 해주었다. 작은 정성과 따뜻한 마음이 전해질 때 만들어지는 감동은 오래도록 남는다. 친구들이 준비한 시간과 노력, 그리고 함께 웃고 즐겼던 순간 하나하나가 지금도 내 안에서 빛나며, 스웨덴에서의 경험이 얼마나 특별했는지를 다시 느끼게 한다.

이 경험을 통해 사람들과 진심으로 관계를 맺고, 서로에게 힘이 되는 방법을 배울 수 있었다. 단순히 선물을 주고받는 것이 아니라, 마음을 나누는 순간이 얼마나 소중한지 알게 된 것이다. 지금도 친구들이 준 그림을 아이패드 뒤에 끼워 가지고 다니며, 힘든 순간마다 그것을 바라보며 마음을 다잡는다. 누군가는 나를 믿고 응원하고 있다는 확신은 스웨덴에서의 경험과 소중한 인연 속에서 배운 값진 가치로 자리 잡았다.

5. 이태석리더십에 대한 생각

내가 생각하는 이태석리더십은 연대, 성찰, 그리고 실천이다. 그것은 앞장서서 모두를 이끄는 강한 리더의 모습이 아니라, 옆에서 손을 잡고 함께 걸어가는 동반자의 모습이다. 리더는 완벽할 필요가 없다. 대신 자신을 돌아보고 더 나은 모습으로 변화하기 위해 끊임없이 노력해야 한다. 스웨덴에서 진행된 토론과 팀 프로젝트는 이러한 성찰의 가치를 더욱 선명하게 느끼게 했다. 의견이 부딪히는 순간에도 서로의 관점을 존중하며 대화하고,

다시 최선의 방향을 모색하는 과정 속에서 '함께 성장하는 리더십'의 의미를 깊이 실감할 수 있었다.

또한, 리더십은 결코 혼자 빛나는 것이 아니다. "우리는 서로를 도울 의무가 있다"는 말을 실천으로 옮기는 것이야말로 진정한 리더의 자세임을 깨달았다. Impact Lab 활동에서 우크라이나 전쟁고아 아이들과 한국 학생들을 연결하기 위한 계획을 세우면서, 나는 청소년 네 명이 기획하는 프로젝트가 과연 진짜 사회에 의미 있는 효과를 가져올 수 있을지 걱정하며 고민했다. 그러나 서로의 상처와 아픔을 경청하고, 그것을 치유하는 작은 다리를 놓기 위해 함께 노력했던 과정은 단순한 프로젝트가 아닌 연대의 시작이었다. 남수단에서의 경험 역시 이 깨달음을 더 단단히 만드는 기반이 되었다. 극한의 환경 속에서도 서로에게 손을 내밀며 버텨내는 사람들을 보며, 리더십은 결국 따뜻한 시선과 진심 어린 실천에서 비롯된다는 것을 알게 되었다.

앞으로도 나는 이태석 리더십을 삶의 중심에 두고자 한다. 리더십은 거창한 구호나 일회성 성과가 아니라, 더 나은 세상을 만들기 위해 던지는 끊임없는 질문과 작은 실천들로 완성된다. 스웨덴과 남수단, 그리고 그곳에서 만난 사람들은 나에게 연대하는 용기와 성찰의 시선을 선물했다. 앞으로도 이 다짐을 잊지 않고, 따뜻한 마음을 가진 리더로 성장해 나가고 싶다.

6. 앞으로의 실천 계획

　남수단에서의 봉사활동과 이태석글로벌리더십스쿨에서 배운 Impact Lab에서의 활동을 통해 나는 작은 움직임이 큰 변화를 만든다는 믿음에 확신을 가지게 되었다. 처음에는 내가 할 수 있는 일이 과연 세상에 의미 있는 변화를 만들어낼 수 있을지 의문이 들기도 했다. 하지만 남수단에서 만난 아이들이 내 작은 관심과 노력에도 환하게 웃어 주는 모습을 보았을 때, 그리고 스웨덴에서 만난 친구들이 서로의 이야기에 귀 기울이며 깊이 공감하는 순간들을 겪었을 때, 연대와 실천이 가진 힘을 직접 느낄 수 있었다. 변화는 멀리 있는 거대한 것이 아니라, 내 앞에 있는 작은 관계와 행동에서 시작된다는 사실을 깨달은 것이다.

　이런 경험은 앞으로의 삶의 방향을 분명하게 만들어 주었다. 우선, Impact Lab의 Butterfly 팀 활동에 더욱 주력하고 싶다. 현재는 우크라이나 고아들과 한국 학생들을 1:1로 연결해 감정적 지지를 주고받을 수 있도록 하는 프로그램을 계획하고 있지만, 나는 이 활동을 더 확장해 지속 가능한 형태로 발전시키고자 한다. 예를 들어, 단순한 교류에 그치지 않고 언어·문화 교류 프로그램을 마련하거나, 아이들이 함께 참여할 수 있는 공동 프로젝트를 기획해 서로의 성장을 돕는 관계로 발전시키고 싶다. 이를 통해 스웨덴에서 배운 연대의 가치를 실제로 실천하고, 더 많은 아이들이 함께 성장하는 경험을 할 수 있도록 도울 것이다.

　또, 나는 앞으로도 평생 학습의 자세를 잃지 않으려 한다. 배움은 단순히 지식을 쌓는 것이 아니라, 세상을 바라보는 시야를 넓히고 더 깊이 있는 공감을 가능하게 한다. 새로운 사람을 만날 때, 새로운 환경에 들어설 때, 열린 마음으로 배우고 질문하며, 그 배움을 다시 나눌 수 있는 사람이 되고 싶다. 완벽함을 추구하기보다, 매 순간 최선을 다하며 꾸준히 성장하는 삶. 그것이 내가 꿈꾸는 인생의 방향이다.

돌이켜보면, 세상을 바꾸는 일은 결코 거창한 것만을 의미하지 않는다. 누군가에게는 사소해 보일지 모르는 작은 연대와 성실한 실천이 모여 결국 큰 변화를 이끌어낸다. 남수단의 뜨거운 햇살 아래에서 아이들과 뛰놀던 기억, 스웨덴의 호숫가에서 친구들과 미래를 이야기하던 밤, 그 모든 순간이 내게 행동할 이유와 방향을 가르쳐 주었다. 앞으로도 나는 한 걸음, 또 한 걸음을 내디디며 내 믿음을 행동으로 증명할 것이다.

7. 마음을 담아 글을 마치며

이번 이태석글로벌리더십스쿨은 나 혼자만의 힘으로는 결코 완성할 수 없는 여정이었다. 먼저, 이 귀한 기회를 주시고 나의 성장을 위한 든든한 발판을 마련해 주신 이태석재단의 모든 분들께 진심으로 감사드린다.

Impact Lab 활동에서 부족한 나를 도와주고, 함께 성공적이고 의미 있는 프로젝트를 완성할 수 있도록 힘을 모아 준 Butterfly 팀의 서영이, 준영이, Bohdana에게도 특별한 감사를 전한다. 우리 팀의 노력과 연대 덕분에, 작은 나비의 날갯짓이 큰 변화를 향해 움직일 수 있었다.

스웨덴에서의 날들을 더욱 특별하게 만들어 준 우크라이나 친구들과 스웨덴에서 만난 친구들에게 진심으로 고맙다고 말하고 싶다. 언어와 문화는 달랐지만, 마음만은 하나로 이어져 있음을 느낄 수 있었고, 그 따뜻한 순간들은 오래도록 기억 속에 머물 것이다.

이 모든 경험을 가능하게 한 것은 결국 연대와 사랑의 힘이었다. 나를 믿어 준 이들과 함께, 더 평등하고 평화로운 세상을 지향하는 사람들과 손을 맞잡고, 연대와 사랑의 힘으로 세상을 조금 더 따뜻하게 만들어 나갈 것이다. 그 길 위에서 나는 배움을 멈추지 않고, 작은 행동 하나에도 진심을 담아 사랑을 실천하며 참된 어른으로 성장하고자 한다.

스웨덴에서의 빛나는 여정, 리더십과 성장의 이야기

김유리
담양솔가람고등학교 2학년

- 이태석글로벌리더십스쿨, 나의 세상을 바꾸다

스웨덴행 비행기에 몸을 싣기 전의 저는, 리더십이라는 단어가 어딘가 거창하고 나와는 동떨어진 것처럼 느껴지곤 했습니다. '리더는 특별한 사람'이라는 막연한 생각 속에서, 저는 고등학교 2학년 학생으로서 저의 역할이 무엇인지, 세상을 향해 어떤 시선을 가져야 할지 확신하지 못했습니다. 단지 주어진 사회 과제를 수행하고, 학업에 열중하는 것이 저의 최선이라고 여겼을 뿐, 글로벌 시민으로서의 책임감이나 세상의 다양한 문제들에 대한 깊은 이해는 부족했습니다.

하지만 스웨덴에서의 빛나는 며칠은 저의 이러한 생각을 송두리째 흔들었습니다. 캠프를 통해 저는 리더십이 결코 특별한 누군가에게만 주어지는 것이 아니라, '진심으로 타인을 이해하고, 작은 변화라도 함께 만들어 나가는 용기'라는 것을 깨달았습니다. 막연하게만 느껴지던 국제 사회의 복잡한 문제들이 생생한 강연과 토론을 통해 제 삶의 일부로 다가왔고, 무엇보다 '나'라는 작은 존재도 충분히 긍정적인 영향을 미칠 수 있다는 가능성을 보았습니다. 저의 시야는 교실 벽을 넘어선 드넓은 세계로 확장되었고, 저의 마음속에는 이제 더 큰 세상과 공동체를 향한 따뜻한 관심과 참여의 불꽃이 타오르고 있습니다.

이번 캠프에서 제 마음에 가장 깊은 울림을 준 강의는 단연 아르멘 멜리키얀 강사님의 '타인을 돕기 위한 개인의 희생'에 대한 강연이었습니다. 강사님은 직접 겪으신 아픔과 그를 통해 타인을 돕고자 했던 고귀한 희생에 대해 담담히 이야기하셨습니다. '희생'이라는 단어가 주는 무거움 속에서, 저는 강사님의 삶이 보여주는 진정한 사랑과 헌신이 얼마나 큰 용기를 필요로 하는지 깨달았습니다. 저 스스로를 돌아보았을 때, 타인의 고통에 얼마나 진심으로 공감하고 있었는지, 그리고 그것을 해결하기 위해 얼마나 적극적으로 행동했는지 반성하게 되었습니다. 강사님의 강연은 저에게 사랑과 봉사가 결코 추상적인 개념이 아니라, 일상 속에서 타인의 아픔을 헤아리고 기꺼이 나를 내어주는 용기 있는 실천임을 일깨워 주었습니다.

– 마음을 움직인 순간들과 유쾌한 기억들

스웨덴에서 보낸 시간들은 제게 수많은 감동의 순간들을 선물했습니다. 가장 기억에 남는 것은 바로 5명의 우크라이나 학생들과 처음 만났던 순간입니다. 전쟁의 아픔을 겪고 먼 타국에서 희망을 찾아온 그들의 눈빛에서 저는 알 수 없는 슬픔과 함께 강인한 생명력을 느꼈습니다. 처음에는 어색했지만, 함께 식사하고, 이야기를 나누며 문화와 언어의 장벽을 넘어선 따뜻한 유대감을 형성할 수 있었습니다. 그들의 이야기 하나하나에 귀 기울이며, 국제적 이슈가 나와는 무관한 것이 아니라, 지구촌 가족의 아픔임을 온몸으로 느꼈습니다. 그들을 향한 진심 어린 위로와 연대의 마음이 제 안에서 피어났던 순간이 가장 감동적이었습니다.

또한, SSU 워크숍에서 '청소년으로서 변화를 만드는 실용적인 지침'을 배웠던 시간도 잊을 수 없습니다. 이론만 배우는 것이 아니라, 직접 아이디어를 내고 토론하며 실제 사회 변화를 위한 구체적인 방법들을 탐구하는 과정은 저에게 큰 영감을 주었습니다. '우리 같은 청소년들도 충분히 사회에 긍정적인 영향을 미칠 수 있다'는 메시지는 저의 가능성을 믿게 하는 힘이 되었습니다.

물론 모든 순간이 감동적이고 진지했던 것은 아닙니다. 스웨덴의 독특한 문화인 피카(fika)' 시간도 언제나 유쾌한 웃음이 가득했습니다. 향긋한 커피와 달콤한 젤리를 나누며 강사님과 참가자들 모두 격식 없이 이야기꽃을 피우는 모습은 제게 신선한 충격이었습니다. 이러한 소소하고 재미있는 에피소드들이 낯선 타지에서의 경험을 더욱 풍요롭게 만들었습니다.

– 이태석리더십, 삶의 이정표가 되다

이태석 신부님의 이름을 처음 들었을 때는 막연히 '훌륭한 분'이라는 생각만 가지고 있었습니다. 하지만 이태석글로벌리더십스쿨을 통해 신부님의 삶과 정신을 깊이 이해하게 되면서, '이태석리더십'은 제 삶의 가장 강력한 이정표가 되었습니다. 신부님은 아프리카 수단에서 의사이자 교육자, 음악가로서 모든 것을 희생하며 오직 사랑과 봉사로 한 사람 한 사람의 생명을 살리고 마음을 어루만져 주셨습니다. 캠프에서 저는 진정한 리더십이 거창한 명예나 권력을 쫓는 것이 아니라, 가장 낮은 곳에서 가장 아픈 이들의 손을 잡고 함께 울고 웃는 '진심 어린 사랑'이라는 것을 깨달았습니다.

신부님의 리더십은 단순히 남을 돕는 행위를 넘어, 타인의 고통을 자신의 고통처럼 여기고, 조건 없이 사랑을 실천하는 삶 그 자체였습니다. 돈과 명예를 추구하는 현대 사회에서, 신부님은 우리에게 진정한 행복이 어디에 있는지를 몸소 보여주셨습니다. 저는 캠프에서 배운 다양한 분야의 리더십 모델들을 접하며 깊이 있는 통찰을 얻었지만, 그 어떤 리더십보다 '이태석리더십'이 제 마음속에 가장 깊게 자리 잡았습니다. 이 리더십은 머리가 아닌 가슴으로 움직이는 리더십, 소유가 아닌 나눔에서 행복을 찾는 리더십, 그리고 나 혼자만이 아닌 '우리'의 성장을 도모하는 리더십입니다. 저는 이제 '이태석 리더십'을 통해 제가 추구해야 할 삶의 가치와 방향을 분명히 할 수 있게 되었습니다.

- 사랑과 봉사, 이제 나의 실천으로

스웨덴에서의 배움과 깨달음은 단순한 경험으로 끝나지 않을 것입니다. 저는 이제 '이태석리더십'이 보여준 사랑과 봉사의 정신을 제 삶 속에서 적극적으로 실천하고자 합니다. 우선 단기적인 계획으로, 제가 속한 학교와 학급에서 작은 변화를 만들기 위해 노력할 것입니다. 저는 고등학교 2학년 학생으로서, 그리고 한 학급의 일원으로서, 친구들의 이야기를 더 진심으로 경청하고, 어려움을 겪는 친구에게 먼저 손을 내밀어 주는 작은 실천부터 시작할 것입니다. 또한, 제가 가진 능력으로 학교 봉사 활동을 기획하거나, 교내 환경 개선 캠페인에 적극적으로 참여하여 모두에게 더 나은 학교생활을 선물하고 싶습니다.

장기적으로는 제가 가장 큰 관심을 가지고 있는 사회 문제들을 해결하는 데 기여하고 싶습니다. 이를 위해 관련 지식을 더 깊이 공부하고, 저의 아이디어를 통해 실제적인 변화를 만들어 나가는 데 적극적으로 참여할 계획입니다. 나아가 IT와 경제 분야에 대한 저의 흥미를 바탕으로, 미래에는 IT 지식을 활용하여 정보 소외 계층을 돕거나, 경제적 지식을 활용하여 재능 기부를 하는 등, 저의 전문성을 통해 사회에 기여할 수 있는 방법을 꾸준히 탐색할 것입니다.

이 모든 계획은 이태석 신부님이 보여주신 사랑과 봉사의 마음, 그리고 스웨덴에서 배운 글로벌리더십의 정신을 바탕으로 합니다. 세상의 작은 부분이라도 제가 가진 긍정적인 에너지와 열정을 보태어, 더 따뜻하고 더 나은 공동체를 만들어 나가는 일에 기꺼이 저를 내어주고 싶습니다. 저의 여정은 이제 막 시작되었을 뿐입니다.

이태석글로벌리더십스쿨 소감문

김창겸
김해제일고등학교 1학년

제가 이태석글로벌리더십스쿨을 지원하여 참여한 계기는 지원할 당시 친구들과 트러블도 있고 이끌던 운동부도 잘 통솔하지 못했기 때문이었습니다. 진행이 어려워서 "내가 너무 잘못한 것이 아닐까, 어떻게 하면 친구들을 잘 이끌고 나 또한 성장할 수 있을까?" 하고 고민하던 중 아버지께서 페이스북에서 봤다는 이태석글로벌리더십스쿨에 지원해 보는 게 어떠냐고 말씀하셨습니다. 나도 성장하면서 아이들 또한 잘 통솔할 수 있지 않겠느냐고 생각하여 지원하게 되었습니다.

하지만 아는 사람이 없는 이 환경이 불편하기도 하여 지원하지 말걸 그랬나 후회도 되었습니다. 첫 번째 강연과 두 번째 강연을 듣자 생각이 바뀌었습니다. 생각보다 배울 점이 많았습니다. 학교나 집에서 너무 어눌하다는 말 또한 많이 들었습니다. 이 프로그램에 참여하면서 고칠 수 있지 않겠느냐는 생각이 들어 혼자 조금 기뻤고 더더욱 프로그램에 열심히 참여하자는 생각이 들었습니다.

그리고 제가 이태석글로벌리더십스쿨을 마치고 달라진 점은 제가 하는 행동들에 관해 자신감을 잃지 않게 되었다는 점입니다. 또한 제가 가기 전엔 작은 일과 큰일이 있으면 큰일은 잘 포기하지 않지만 작은 일은 포기해도 되겠다는 생각으로 자주 포기했었는데, 그것 또한 잘못된 생각이었단 걸 깨닫고 고치게 되었습니다.

제가 가장 인상 깊었던 강연으로는 아이다 의원님의 강연이었습니다. 아이다님의 강연 중에서도 가장 기억에 남는 내용이 있습니다. 그건 바로 "내가 이것을 바꿨다면 더 큰 것도 바꿀 수 있지 않을까?"라는 말이었습니다. 그 얘기를 듣고 '내가 너무 쉽사리 포기하지 않았나' 하는 생각이 들며 많은 고민에 빠졌습니다. 또한 아이다 의원께선 남동생이 일자리를 찾지 못하자 남동생 또래들의 일자리 문제를 해결하려고 열심히 일했다고 했습니다. 결국 실업 문제를 해결했다는 것이 너무나도 놀랍고 대단하게 느껴졌답니다.

그래서 전 아이다 의원의 강연을 듣고 환경도 중요하지만, 의지가 강하면 환경이 어떻더라도 의지대로 할 수 있지 않겠냐고 생각하게 되었습니다. 그동안 공부 안 하고 어떤 일들을 포기할 때 환경을 핑계로 댄 것이 부끄럽게 느껴졌습니다. 그래서 전 아이다 의원님의 강연이 아직 머리에서 계속 아른거릴 정도로 인상 깊고 강렬했습니다.

저는 글로벌 리더십스쿨에서 감동한 부분이 정말 많지만 그 중 하나를 꼽자면 제가 우크라이나 친구들에게 모두 우크라이나어로 편지를 써줬는데 정말 좋아했습니다. 보다나와 빅토리아는 폰케이스 뒤에까지 넣어 놓으면서 좋아하는 모습을 보았습니다. 소통하기 쉽지 않아도 내 진심이 잘 전달된 거 아닐까, 그리고 편지 하나라도 저렇게 감사해 주고 소중히 보관해 주자 정말 기분이 좋았고 감동적이었습니다.

저한테 이태석재단이란…

이태석글로벌리더십스쿨 기간 동안에도 정말 많이 생각을 해봤는데 제 생각의 틀을 깨준 곳, 인생을 똑바로 살고, 그것을 위해 노력하려는 계기를 만들어주신 곳이라 생각합니다. 만약 제가 여기를 안 왔더라면 중학교 때와 똑같이 그냥 노는 거 좋아하고 공부 안 하는 철부지가 되지 않았겠느냐고 생각합니다.

그리고 저는 앞으로 이태석글로벌리더십스쿨의 후속 활동도 열심히 참여할 것입니다. 하지만 이태석재단에서 배운 봉사와 리더십을 실천하고 싶은데 방법이 무엇이 있을까 고민하고 있었습니다. 장유 쪽에 있는 복지원에 아버지 지인 분이 계셔서 그 복지원에 가서 도움이 필요하신 분들을 먼저 도와주면서 차차 키워가면 좋을 것 같다는 생각이 들어서 10월에 그 복지원을 방문할 예정입니다. 그래서 저는 이 프로그램을 통해서 저의 인생이 바뀌는 계기가 됐다고 생각합니다.

저는 이 프로그램에 참여하기 전엔 누군가를 돕고 괴롭힘을 당하는 애들을 도와주고 싶다는 생각이 들었습니다. 하지만 저한테까지 피해가 오지 않겠느냐는 두려움에 잘 도와주지 못했습니다. 그러나 이태석글로벌리더십스쿨 밀양스쿨을 다니던 시기, 반에서 항상 놀림당하고 괴롭힘을 받으나 항상 쓴웃음을 지으며 넘어가는 친구한테 도움의 손길을 주었던 적이 있습니다. 친구를 괴롭히는 가해자 학생들에게 기분 나빠 하는 게 뻔히 보이는데 하지 말라고 하였습니다. 물론 엄청 무섭고 떨렸습니다. 또한 그 가해자 학생들이 저보고 욕하는 모습들을 보고 괜히 했나 하는 생각 또한 들었습니다. 하지만 피해자였던 학생이 저보고 고맙다는 말을 듣고 나도 누군가에게 도움을 줄 수 있는 아이라는 자신감이 생겼습니다.

그 일로 운동부 또한 잘 이끌어 한 학기를 끝냈습니다. 한 학기를 정리하는 시간을 가질 때 이런 게 정말 내가 생각하고 희망하던 리더십 아닐까? 내가 그토록 원하던 남을 챙겨 주고 한 명이라도 더 행복하게 만들어 주는 그런 리더십말입니다. 저는 이 프로그램에 참여하기 전보다 더욱더 자신감도 생기고 자존감 또한 올라갔습니다. 이 프로그램이 남들이 보기엔 그냥 리더십 프로그램인가 보다 지나칠지 모르겠지만 저에게는 인생이 바뀌는 계기가 된 아주 고마운 프로그램입니다.

그럼에도 불구하고

박경원
삼각산고등학교 2학년

스웨덴의 여름은 다양한 색을 지니고 있다. 48색 크레파스의 전 색이 부족할 만큼. 멀리서 볼 때는 초록색이지만, 사실 저마다의 짙음을 가지고 있는 나무, 장렬한 햇빛이 푸른 바다와 만나 생기는 윤슬, 녹음의 색도, 구름도, 그리고 그곳을 이루는 사람도, 모두 자신만의 이야기가 있다. 나는 일주일 동안 붐메르스빅에서 다른 이야기를 가지고 있는 사람들을 만났다. 그리고 매시간 나의 세계가 넓어지는 것이 느껴졌다.

풀고 싶은 난제가 있었다. '공존과 생존'에 관한 문제였다. 인간의 본능은 생존이다. 우리는 예로부터 살기 위해 살아왔다. 과거에는 다른 인간을 물리적으로 굴복시키고 죽였지만, 현대에는 경쟁에서 우위를 점하기 위해 남을 밟고 올라선다. 이게 내가 보던 세상의 이치였다.

하지만, 이태석글로벌리더십스쿨을 계기로 신부님에 대해 알아갈수록, 내 전제가 깨졌다. 남을 위해 자신을 희생하는 것의 숭고함. 어쩌면 인간은 남을 도울 줄 아는 종 인것 같았다. 혼란스러웠다. 그래서 나는 사람이 가진 '다른 이를 도울 수 있는 힘'에 대해 알고 싶었다. 그 힘이 어디서 나오는 것인가. 답을 찾기 위해서 스웨덴 스쿨에 신청했다.

'인간은 얽혀 있는 존재이다.'

이것이 내가 그토록 헤매던 질문에 스스로가 내린 답이다. 구진성 대표님이 설명해 주신 불교의 '연기'와도 접해 있다. 내가 무언가를 잘하는 것은 비단 나만의 노력이 아니다. 부모님과 선생님, 주변 사람들의 도움과 지지가 있었기에 가능한 일이다. 그러니, 나는 내 능력을 잘 닦아, 그들이 그랬듯, 다른 사람에게 베풀어야만 한다고 생각한다. 그리고 감히 추측하건대, 이 사유가 스웨덴 정치의 기반인 것 같다.

물질적인 것이 아닌 마음에서 나오는 봉사와 헌신은 인간의 연기와 지독히도 맞물려 있는 것이다. 나라의 발전을 신경 쓰는 것은 결국 내 가족과 이웃을 위해 투쟁하는 일과 다름없다. 인간을 개별적 존재가 아닌 삶이라는 여정을 함께하는 동료로 보는 스웨덴의 시민의식이 놀랍게 느껴진다.

개인적인 궁금증을 포함해 스웨덴에서 배운 점이 아주 많다. 먼저 믿음에 관한 이야기이다. 믿음, 신뢰는 올레 토렐 의원님을 비롯한 많은 사람이 강조한 내용이었다. 신뢰는 쌓는 데에는 오랜 시간이 걸리지만, 깨지는 데에는 아주 짧은 시간이 걸린다는 것도. 신뢰는 모든 관계에서 가장 중요한 가치라는 생각을 했다. 매일 학교에 가는 것도, 학문적인 지식을 얻을 것이라는 믿음을 바탕으로 이루어지는 것이고, 친구와 만나는 것도 긍정적인 에너지를 얻을 거라는 경험을 바탕으로 만들어지는 것이다.

신뢰가 중요하다는 것을 깨달았으니, 이제 내 것이 되는 단계가 남았다. '나는 어떻게 신뢰를 쌓을 수 있을까.' 내가 생각한 방법은 상대를 존중하면서도, 내 감정을 속이지 않고 상호작용을 하는 것, 다른 말로 상대를 진심으로 대하는 것이다. 그리고 누군가를 진심으로 대하려면, 편견이 없어야 한다고 생각한다. 사회가 만든 이미지에 매몰되는 것은 상대를 투명하게 바라보지 못하는 행동이다. 나는 그 편견에서 벗어나기 위해 노력할 것이다. 다양한 사람을 만나고, 경험을 쌓으며 말이다. 마치 프란치스코 교황님이 약자의 발에 입을 맞추고, 남수단 봉사단이 한센병 환자를 환한 미소로 마주한 것 같이 말이다.

나는 청소년이며 여성이고, 특수교사를 꿈꾸는사람이다. 하지만 대부분의 사람이 나를 독립적인 존재인 박경원으로 기억할 것이다. 그러나 소수자의 정체성을 지닌 사람은 그렇지 않다. 청소년이며 여성이고, 눈이 보이지 않는 사람은 맹인으로 불리고 기억될 것이다. 장애학을 공부한 뒤로 생긴 습관이 몇 가지 있다. 어딜 가든 휠체어가 원활히 움직일 수 있는지 살피고, 수어 통역과 점자 해설이 있는지 확인하는 습관이다.

'알면 더 보인다'의 예시인 것이다. 그리고 스웨덴은 내게 큰 영감을 주었다. 모든 건물에는 휠체어 이용자를 위한 화장실이 있었다. 그 공간도 매우 넓어서 휠체어 이용자를 보조하는 보조인까지 들어갈 수 있을 것 같았다. 또, 휠체어 표시가 건물 곳곳에 설치되어 있었다. 만약 누군가는 그 버튼을 누르면 안내자가 나와 이용자의 이동을 보조하는 시스템이다.

스웨덴의 장애 인식에 신선한 충격을 받은 다른 이야기도 있다. 몇 달 전에 올레 토렐 의원님과 장애 인권에 이야기를 나누었다. 그 당시 나는 보조기구 이용자인 친구가 체육시간마다 소외되어 아무것도 하지 않는 상황에 큰 문제의식을 가지고 있었다. 의원님은 장애 청소년의 체육수업에 관해 설명해 주시며, 스웨덴도 완벽하지 않지만, 현존하는 나라 중에는 가장 높은 수준의 복지를 자랑한다고 말씀해 주셨다. 모두가 배울 권리가 있다는 것, 한국에서는 보기 드문 당연함이다. 2025년의 한국은 장애인과 그 가족이 죄인이 되는 세상이니까.

부모님은 자식을 학교에 보내기 위해 무릎을 꿇고, 누군가는 지하철을 타기 위해 투쟁한다. 또 다른 사람들은 언어를 잃고, 아주 많은 사람은 사회에 어울리지 못하고 잊힌다. 외곽에 존재하는 사람들을 벼랑 끝으로 떨어뜨리는 것이 아닌 중심으로 끌고 오는 사회문화를 만들기 위해 난 무엇을 할 수 있을까 생각해 보앉다. 그리고 스웨덴을 포함한 장애 인권 선진국의 제도와 사회 인식을 익혀, 한국에 적용하고 싶다고 생각했다. 마치 덴마크의 자유학교와 같은 말이다.

덴마크의 자유학교는 내게 아주 익숙한 이름이다. 흔히 폴크 호이스콜레라고 불리는데, 학생들은 1년 동안 학업을 최소화하고 나와 세상을 알아가는 시간을 가진다. 그리고 나는 이 폴크호이스콜레를 한국식으로 변형시킨 오디세이 학교를 졸업했다. 또, 올해 초에는 덴마크의 폴크호이스콜레에서 2주 동안 생활하며, 실제 학교가 어떻게 운영되는지 경험했다. 내가 정의한 자유학교는 이렇다.

자유와 책임을 동시에 쥐여주는 학교. 작년에 오디세이를 다니면서, 선생님이 일방적으로 강의하는 강의식 수업은 단 한 번도 들어본 적이 없다. 토론하고 직접 경험하며 우리의 과거와 세상과 그리고 자신을 배웠다. 길잡이(선생님)들은 뒤에서 묵묵히 우리를 지켜볼 뿐, 모든 선택은 우리의 몫이었다. 덕분에 나는 주체적으로 삶을 꾸리는 법을 익혔다. 하지만, 만약 누군가가 주체적으로 알아가고자 하지 않는다면, 그 사람에게 자유학교는 독이나 다름없다. 그 누구도 숟가락으로 떠서 먹여주지 않기 때문이다.

덴마크의 자유학교장 모흔스 고드발레와의 시간은 자유학교에 대한 내 생각을 상기시켰다. 강의식 수업이 아닌 토론식이었기 때문이다. 그리고 그건 자유학교의 가치인 주체성과 맞닿아 있는 것이었다. 원하는 장소에서 토론을 진행한 것은 우리의 자유를 보장한 것이었다. 토론 후 발표를 하는 것은 우리의 책임에 대한 영역이었다. 내용과는 상관없이, 토론이라는 매체를 통해 우리는 자유학교를 이해할 수 있었다.

덴마크인의 절반 이상은 이러한 자유학교를 선택한다. 학력이 인정되지 않는데도 불구하고 말이다. 학생 특성에 따라 스포츠, 국제교류, 음악, 미술 등 다양한 분야의 자유학교 중 선택할 수 있다. 반면 한국은 이러한 자유학교가 잘 알려지지 않을 뿐 아니라, 학력 인정, 무료임에도 불구하고 늘 인원 미달이다. 개인적인 이야기지만, 친구들은 아직도 오디세이 학교가 사이비 학교인 줄 안다. 중3 선생님은 대학을 못 간다며 입학원서 쓰는 것을 격렬히 반대했다. 오디세이 학교의 학생증 때문에 공항에서 잡혀 여행을 못 갈 뻔한 적도 있다. 이어지는 맥락으로, 다양성을 어떻게 바라보느냐가 그 사회의 수준을 보여주는 것 같다. 경제적으로나 문화적으로나 크게 발전한 한국의 방향성이기도 한 셈이다. 획일화된 사회가 아닌 다양한 사람들의 목소리가 곳곳에 묻어나는 사회가 되길.

스웨덴에서 다양한 모습의 리더를 많이 엿보았다. 다정한 리더, 카리스마 있는 리더, 유머러스한 리더, 포근한 리더까지, 규정할 수 없는 리더의 모습은 '나는 어떤 리더로 성장할 것인가?' 생각하게 만들었다. 아직 내가 어떤 유형의 리더인지 확신할 수는 없지만, 나는 편하면서도 배울 점이 많은 리더가 되고 싶다. 말하자면, SSU의 마리암처럼 말이다.

SSU에 대해 설명하자면, 스웨덴 청년들이 모여 사회를 올바른 방향으로 이끄는 유서 깊은 단체이다. 그리고 난 SSU의 강의에서 큰 위로를 받았다. 공공의 장소에서 내 목소리를 내는 것은 부끄러운 일이 아니라는 것, 그리고 내가 부러워하던 사람들처럼, 나도 내 의견을 당당히 말할 수 있다는 것을 배웠기 때문이다. 또, 이 배움이 단시간에 날 성장시켰다.

강의 이후, 나는 각 강의에서 2개 이상의 질문을 하는 것을 목표로 삼고, 열심히 듣고 필기하고, 생각했다. 덕분에 이태석글로벌리더십스쿨에서 더 큰 배움을 얻을 수 있었다. 또 하나 배운 것은, '안전한 공간'의 중요성이었다. 이 장소에서는 아무도 날 비난하지 않을 것이라는 생각, 그 생각 하나만으로도 몸과 마음이 편안해지는 것이 느껴졌다.

마지막으로, 이 경험을 바탕으로 목표가 하나 생겼는데, '안전한 공간'을 만드는 사람이 되자는 것이었다. 그리고 이 목표를 올해 안에 시도해 보고 싶다는 생각에, 내가 부장으로 있는 학생회 부서에 적용해 보았다. 어떤 의견이든 진심으로 반응하고, 실현 가능성이 미미한 의견도 냈다. 그 결과 1학기보다 더 많은 아이디어가 나왔고, 사적인 농담도 나온 것을 확인했다. 공간의 정서가 일의 효율을 만드는 것 같아서 놀랐다. 나는 앞으로도 모두의 의견이 존중받는 공간을 만들기 위해 힘쓸 것이다.

또 인상 깊었던 강의는 마지막 강의였던 아만다의 강의였다. 아만다는 최연소 여성 시장으로, 화끈한 성격이 매력이 있는 사람이다. 그는 강의에서 젊은 여성 정치인으로 살아가는 이야기를 들려주었다. 아만다가 해온 노력, 성과, 그리고 차별까지, 모든 이야기가 흥미로웠다.

    먼저 성과 부분에서, 무언가를 이루어낸 과정, 8개월 동안 정부를 대상으로 싸운 것을 말할 때 그의 눈빛이 찰랑한 것이 좋았다. 진짜 간절한 것을 이루어낸 사람만이 가질 수 있는 것이었다. 나도 언젠가는 그 눈빛을 가지리라 다짐했다.

    다음은 나와 가장 맞닿아 있는 부분인 차별에 대해 써 내리고 싶다. 나는 무의식적으로 스웨덴은 완벽한 나라라고 생각했다. 문제없이 잘 유지되는 나라, 여성과 남성, 아이와 어른, 비장애인과 장애인 등 대비되는 사람들이 동등한 위치에 있는 나라. 하지만, 아만다의 이야기는 이런 생각을 하고 있던 나에게 꽤 충격적이었다. 그가 여자라는 성별이 있다는 이유만으로 무시당하고, 말을 자르는 등 많은 차별을 받았다고 한다. 이 말을 하면서 'Be brave'라는 말을 했는데, 이 짧은 말이 큰 위로가 됐다. 한국어로 번역하면 그 생생한 어감이 사라질 것 같아, 차마 '용기 내!'로 기억할 수밖에 없었던 말.

    Be brave에 꽂혀 질문을 했다. '당신이 생각하는 용감함이란 무엇이고, 우리는 여성으로서 또 정치인으로서 어떻게 용감해질 수 있을까요?' 답변은 이러했다. '제가 생각하는 용감함이란 어려운 것에 계속해서 도전하는 것이고, 용감함을 얻는 법은 다른 사람들의 의견을 반영해 스스로 선택하는 것입니다.' 이 답변을 듣고 현실에 안주하지 않고 나아갈 힘을 얻었다.

임팩트 랩 이야기를 하고 싶다. 임팩트 랩은 4명씩 모여 사회 발전을 위한 아이템을 구체적으로 기획하는 프로젝트이다. 우리 팀은 유일하게 우크라이나 학생 2명, 한국 학생 2명으로 구성됐다. 학생 수가 반반이다 보니까, 문화 차이가 더 극명하게 드러났다. 예를 들어, 우크라이나 사람들은 한 주제에 대해 몇 시간이고 토론한 문화가 있다. 설득되거나, 설득시키거나 할 때까지 말이다. 반면 우리는 자기 생각을 공유하길 꺼리고, 말한다고 하더라도 아주 얇게 공유한다. 빠르게 진도를 나가야 하는데, 우크라이나 학생들이 사소한 것에 꽂혀서 토론할 때, 나와 수아 언니는 당황해서 서로의 눈을 빤히 쳐다봤던 기억이 있다.

이외에도 소통 문제, 언어장벽, 아는 내용과 다름 등 많은 문제를 겪었다. 이 문제를 해결하기 위해서 내가 찾은 방법은, 내가 이해한 것을 말하고 확인받는 것이었다. What I understand is…로 시작하는 문장을 몇백만 개 만들었다. 이해하고 이해받는 일주일을 지나, 내가 배운 것은 오해가 쌓여 갈등이 생긴다는 것, 그리고 오해는 언어로만 풀 수 있다는 것이다.

이때의 언어는 영어, 한국어, 우크라이나어가 아닌 우리만의 언어이다. 비언어적 표현도 괜찮다. 눈빛, 손짓, 포옹 등 말이다. 성향이 다른 사람과 함께하는 프로젝트, 그것도 나이, 언어, 배경이 다른 사람들과 임팩트 랩은 사회 발전을 위해 내가 무엇을 할 수 있는가에 대해 구체적으로 생각해본 계기와 동시에, 함께 나아가는 법에 대해 골몰하게 해주었다.

스웨덴에서의 시간은 그야말로 낭만이었다. 석양이 지는 호수에서 수영하고, 춤추고, 밤늦게까지 이야기를 하고, 세상에 대해 진지하게 고민하는 사람들과 함께 공부하고, 가끔은 울었고, 시를 쓰고, 깔깔 웃고, 나열법이 촌스러워 보이지 않을 만큼 아름다운 순간이었다. 여전히 고민이 많다. 하지만 그럼에도 불구하고 나는 나와 세상을 연결하며 살 것이다. 스웨덴에서의 시간을 기억하며.

이태석글로벌리더십스쿨 소감문

박찬하
별무리학교 2학년

**이태석글로벌리더십스쿨에서 느낀 점은 한마디로
'분석가가 아닌 경험자가 되자!'**

세상은 수많은 문제와 부딪히고 씨름합니다. 저도 그럴 것이고 아마 이 글을 읽는 분들 모두 그럴 것으로 생각합니다. 제가 이태석글로벌리더십스쿨에서 만난 리더들은 대부분 그들의 분야에서 경험자들이었습니다. 난민과 교육 관련 정책을 펼치는 아이다 의원은 코소보 난민 2세 출신입니다. 스웨덴에서 변호사가 될 정도로 엘리트였습니다. 올레 의원도 고등학교 선생님이었고, 다른 강사진 분들도 분석가가 아닌 경험자였습니다.

그리고 그분들이 강조했던 이야기도 실패를 두려워하지 말고 도전해 경험을 쌓으라는 조언이었습니다. 얼마 전 학교 수업 과제로 인간이 인공지능보다 우월한 것을 찾는 활동을 한 적이 있습니다. 그리고 저는 인간은 직접적인 경험을 쌓을 수 있고, 경험에서 오는 지혜와 무게는 생각보다 인생을 사는 데 중요한 부분입니다. 이는 인공지능보다 인간이 월등한 부분이라고 생각했습니다.

　이런 생각을 가지게 된 것은 이번 활동에서 우크라이나 학생들을 만나게 되면서 느낀 것들 때문입니다. 원래 저는 전쟁을 어느 정도 필요하다고 생각하는 사람이었습니다. 우리 대한민국이 일본, 중국에 영해·영공을 침범당하고 북한에 목함지뢰, 경계선 침범 등 도발당하는 이유는 강력한 군사적 제재를 가하지 않아서 그렇다고 생각하고 있는 사람이었습니다.

　그리고 주변국의 전쟁 혹은 파병 등이 경제적·의료적·공학적 기술에서 빠른 발전을 할 수 있고 정치적 우위도 취할 수 있기에 어느 정도 필요하다고 생각했습니다. 그런데 이번에 만난 우크라이나 학생들 덕분에 생각을 바꾸게 되었습니다.

　그 학생 중에 88%의 지역을 점령당한 돈바스에서 온 학생도 있었습니다. 개전 첫날부터 전투가 있었던 최대 격전지 하르키우에서 온 학생도 있었습니다. 하르키우에서 온 학생과 호숫가에 앉아서 긴 대화를 나눌 기회가 있었습니다.

　저는 무너진 그 학생의 집, 공습당한 그 학생이 다녔던 학교,

그리고 전쟁 전후의 도시 사진을 보게 되었습니다. 아직 남아 있는 친구들이 있다는 안타까운 소식을 들었습니다. 그들을 도울 방법을 함께 생각해 발표하기 위해서 대본을 쓰는 그 친구는 정말 한 글자, 한 단어를 공들여 쓰는 모습에 "저 모습이 정말 진심이구나, 정말 간절함은 저렇구나"라는 것을 느끼게 되었습니다.

그리고 전쟁에 대한 제 생각은 '나는 판단할 자격이 없는 사람이다'라는 결론을 내렸습니다. 현재 많은 정치인은 전쟁이 어쩌면 필요하다고 말합니다. 하지만 그들의 대부분은 전쟁 속에 놓여 본 적 없는 사람들입니다. 그저 경제적으로, 정치적·외교적으로 분석했을 뿐입니다.

우리는 시장에 방문한 정치인들에게 말합니다. '네가 뭘 안다고…' 맞습니다. 그들은 알지 못하죠. 그저 정치적인 이용을 하려는 것을 모두가 압니다. 그래서 그런 활동으로 지지를 얻지 못하는 경우가 더 많습니다.

하지만 정말 시골 출신 혹은 시장통 출신의 정치인이라면 어떨까요? 시장 사람들, 서민들은 그 사람을 좋아합니다. 같은 경험을 공유하는 사이이기 때문입니다.

리더는 분석가이어서는 안 됩니다. 분석가는 인공지능에 의해서 이미 대체되고 있고, 대체될 것이기 때문입니다. 그래서 경험자가 되라는 것이고, 저는 이 경험에 대해 새로운 생각을 가지게 되었습니다.

이 생각이 제가 이번 이태석글로벌리더십스쿨을 다녀오고 가장 많이 변하게 된 부분입니다.

저에게 가장 감동적이었던 순간은 모든 일정을 마치고 한국으로 돌아오는 비행기 속에서 만난 독일 사업가 마이콜과 나눈 대화의 순간이었습니다.

제 옆 옆자리에 앉은 분이셨는데 다른 재단 학생들과 친절하게 재미있는 대화를 나누고 계셔서 함께 대화에 참여했습니다. 저는 마이콜과 서로 간단한 자기소개를 하고 한국에 가는 이유를 물어보았습니다.

사업차 방문하신다고 하셨고, 저희에게 스웨덴은 왜 갔었냐고 물어보셨습니다. 우리 재단이 하는 일들을 설명하고, 이번에는 여러 리더들을 만나 훌륭한 리더십을 배우고 돌아가는 길이라고 말씀드렸습니다.

그러자 그분은 저희 활동에 큰 관심을 보이면서 "그럼 커서 어떤 사람이 되고 싶냐"라고 질문하셨습니다. 저와 함께 대화에 참여하던 학생은 사업가가 되고 싶다고 했고, 무슨 사업을 하고 계신는지 물었습니다.

마이콜은 현미경이나 의료기기에 들어가는 정교한 부품들을 만드는 회사에 다니고 있다고 하셨고, 4천~5천 명 규모 회사의 임원이라고 하셨습니다. 저희도 그런 사업을 하고 싶다고 이야기하자, 도전에 결코 이른 시기는 없으니 할 수 있는 일부터 해보라며 조언을 해주셨습니다.

어떤 분야의 사업을 하고 싶냐고 질문을 주셨고, 저는 아직은 모르겠지만 친구들과 경험을 해보고 싶어 작은 사업부터 해보고 싶어 친구들과 사업자 등록을 했다고 말씀드렸습니다. 그리고 먼저 사업이라는 분야에 있는 사람으로서 혹시 해줄 조언이 있는지 질문했습니다.

   놀라웠던 점은 그 독일 사업가 분이 해준 조언이 스웨덴에서 들었던 강의의 내용과 비슷했던 것입니다. 팀워크, 신뢰, 경험이 중요하다고 이야기해 주셨습니다. 그러면서 가장 중요한 것은 사람 사이의 신뢰라고 해주셨습니다.

   또 궁금한 것이 없냐고 하셔서 저는 "그럼 그 사람들을, 신뢰할 사람들을 어떻게 찾고 뽑는지" 질문했습니다. 되게 재밌는 질문이라고 웃으시면서 제 나이를 물어보시고, 자기가 제 인생보다 더 긴 시간 사업을 했지만 신뢰할 수 있는 사람은 한 문장으로 정의될 수 없다고 하셨습니다.

   조금은 뻔했던 답변에 실망하려던 찰나, 덧붙여 설명을 해주셨습니다. 정확하게 설명할 수는 없지만 함께하고 싶은 사람, 좋은 사람에게는 알 수 없는 분위기가 있는데 그런 사람이 되라고 해주셨습니다. 이런 재단 활동들과 생각을 하고 있다는 것부터 이미 그런 사람이 되어가고 있다는 거라며 칭찬을 받았습니다.

   그리고 마이콜은 미래에 어떻게 생각하냐고 물어보았습니다. 저는 짧은 시간 고민하다가 대답했습니다. "아직은 잘 모르겠지만 이제 무섭지 않다. 앞으로 어떻게 될지도 모르고 무슨 일이 닥칠지도 모른다. 하지만, 이번에 배우게 된 것은 많은 경험과 좋은 사람들과 함께한다면 다 잘되리라는 것이다"라고 말했습니다.

마이콜은 너무 좋은 것을 배웠다며, 미래에 무슨 일이 닥칠지는 모르지만 두려워하지 말라고 했습니다. 본인이 제 나이 때는 너무 힘들었던 순간이 많았으나, 그 힘든 순간들이 지금의 그에게 더 힘든 순간들을 버틸 힘과 능력을 가져다주었다고 말씀해 주셨습니다.

그리고 마지막으로 "너무 많이 생각하지 말고, 할 수 있는 게 있다면 그때 바로 해봐라. 실패하든지 성공하든지 상관하지 말고. 중요한 건 너는 아직 젊고 도전적인 친구라 할 수 있을 거야. 나중에 또 보자"라고 조언해 주셨습니다.

제가 마이콜에게 정말 감동을 받은 이유는 말뿐만이 아니라 태도였습니다. 처음 보는 우리에게 친절하게 인사해 주고, 재미있고 유쾌한 주제로 또 깊고 의미 있는 대화로 피곤한 오랜 비행 속에서 한참 어린 저희를 존중해 주는 모습에 감동받았습니다.

저희와 대화하기 전에는 노트북으로 PPT를 만들고 있었는데, 저희와 대화할 때마다 일을 멈추고 저희에게 눈을 맞추어 주었고, 이해할 수 있는 속도로 천천히 말해주는 그의 태도에 감동받았습니다.

또한 우리가 낯선 사람에게 먼저 말을 걸고, 그저 웃기고 재미있는 이야기가 아니라 건설적이고 유의미한 이야기를 할 수 있을 만큼 성장했고, 그만큼 많은 것을 배웠다는 것을 느꼈습니다.

그래서 아쉽고 부족했던 모습들을 생각하다가 배우고 변한 부분들을 알게 된 순간이었습니다. 그래서 저에게는 가장 재미있고 감동적인 순간으로 남은 것 같습니다.

가장 인상 깊은 강사님은 안 린데 전 외교부 장관님이었습니다

다른 강사님들의 강의도 매우 인상 깊고 많은 것들을 배우는 시간이 되었지만, 장관님의 강의가 가장 인상 깊었던 이유는 '현실적'이었기 때문입니다.

처음 강의가 시작하고 얼마 안 돼서 장관님께서 비디오 녹화를 끊어 달라고 이야기하셨습니다.

그 말씀 때문에 약간은 무섭다고 생각했었습니다.

하지만 장관님은 정말 솔직한 본인의 정치적 견해와 입장을 이야기해 주셨고 본인의 약점을 설명해 주셨습니다.

다른 나라의 한 정치인의 무례하고 공격적인 발언 때문에 몹시 화가 나서 숨을 가쁘게 몰아쉰 적이 있다고 하셨습니다.

그 토론 중에 제 보좌관이 '숨을 쉬세요'라고 적힌 쪽지를 건네준 적이 있는데, 그게 진정하고 제대로 된 상태에서 토론에 큰 도움이 됐다고 말해주셨습니다. 그러면서 해주신 말씀은 실용적이고 효과적이었습니다.

자신이 원하는 바를 알아야 한다고 하셨습니다. 그래야 효과적으로 소통할 수 있습니다. 그리고 대화 속 존중과 목표의식이 가장 중요합니다.

세상 사람들이 다 착하지 않다고 말씀하시면서 적대적이거나 반대의 입장에 있는 사람과 대화는 매우 어려울 수 있다고 이야기하셨습니다. 때로는 그런 상대가 지배 기술을 사용한다고 합니다. SSU 워크숍에서도 설명해 주었던 "The Power Handbook"에 나오는 다섯 가지 지배 기술(무시, 조롱, 정보 은폐, 이중 처벌, 죄책감/수치 부여)을 알면, 실제로 협상 에세이를 인지하고 더 잘 대처할 수 있다고 조언해 주셨습니다.

어떨 때는 누군가 의도적으로 상대를 불리하게 몰아가기 위해서 교묘하게 그런 권모술수를 쓸 수 있음을 알아차리는 방법과 대처하는 방법을 알려주시며 실제 장관님 본인의 정치 커리어 기간 내에 있었던 일을 들려주셨습니다.

또 자신의 약점을 아는 것이 중요하다고 하시면서 본인의 약점과 그것을 극복하기 위해 노력했던 이야기들을 해주셨습니다.

그리고 리더로서 어려운 시간은 늘 찾아온다고 하시면서 본인은 그럴 때마다 읽는 것이 있다고 직접 가지고 다니는 종이를 보여주시며 콜린 파월의 리더십 13법칙을 소개해 주셨습니다.

1. 상황이 생각만큼 나쁘지 않다. 아침이 되면 더 나아질 것이다.
2. 화가 나면 풀어라.
3. 자신의 위치와 자아를 동일시하지 마라. 위치를 잃어도 자아는 남아야 한다.
4. 할 수 있다 (It can be done).
5. 신중하게 선택하라. 선택한 것을 얻게 될 수도 있다.
6. 불리한 사실이 있어도 좋은 결정을 내리는 데 방해가 되지 않게 하라.
7. 남의 선택을 대신하지 말고, 남이 내 선택을 대신하게 두지 마라.

8. 작은 것들을 점검하라.

9. 공을 나누어라 (공로를 독차지하지 마라).

10. 침착하고 친절히 해라.

11. 비전을 갖고, 요구하라.

12. 두려움이나 반대자들의 조언에 휘둘리지 마라.

13. 낙관주의는 힘을 배가시킨다.

라는 원칙들인데 이 원칙들을 수없이 되뇌었다고 말해 주셨습니다.

이곳에 쓸 수는 없지만 수많은 실제 정치 이야기 속 리더로 살아남았던 본인의 스토리들, 그리고 약점과 그걸 이겨내기 위해서 노력하는 모습까지 공개하실 만큼 솔직하고 정치인으로 혹은 리더로 바쁜 일정 속에서 수많은 정보를 처리하기 위한 효율적인 방법들을 설명해 주셨기에 가장 인상 깊었던 강사님이었던 것 같습니다.

이태석리더십에 대한 제 생각은 '가장 쉬운 사랑, 하지만 가장 뜨거운 사랑' 입니다

사랑은 너무나도 어려운 일이죠.

사랑이라고 하면 내가 가진 것을 다 주어야 할 것 같고 흄, 프롬 같은 철학자들이 이해도 안 되는 어려운 단어들로 설명해 놓은 무언가 엄청 어려운 것. 그런 생각이 듭니다. 저는 이런 질문을 던지고 싶습니다. 완성된 식사를 주는 것과 함께 맛있는 식사를 요리하는 것 중 무엇이 진짜 사랑일까?

지금 많은 회사들이 아프리카에 도로를 깔고 병원과 학교를 지어주고 있습니다.

첨단 시설과 의료기기, 깔끔하고 멋진 건물에 비하면 이태석 신부님이 세우신 학교와 병원은 작고 보잘것없어 보일 수도 있습니다. 하지만 이태석 신부님의 헌신과 사랑의 이야기가 그 나라들의 교과서에 실렸습니다.

첨단 병원과 도로를 깔아준 회사의 CEO가 아닌 한국의 한 사제가 말입니다.

이태석 신부님이 보여주신 사랑은 프롬이나 이름도 어려운 철학자들의 정의처럼 그렇게 어려운 사랑이 아닙니다.

이태석 신부님은 "내가 하는 일이 크다고 생각하지 않습니다. 다만 제가 할 수 있는 일을 할 뿐입니다."라고 말씀하셨습니다.

제가 이 말씀에서 느낀 사랑은 그저 할 수 있는 것을 하는 것, 그것을 나누어 주는 것입니다.

이렇게 생각한다면 사랑은 세상 쉬운 것이 돼버립니다.

하지만 여전히, 아니 오히려 더 뜨겁습니다.

이태석 신부님의 사랑은 그저 학교나 병원을 뚝딱 지어 버리거나, 멋지고 화려한 악단을 데려와 공연을 한 것이 아니라 직접 주민들과 학교와 병원을 세우고, 의사로, 수학 선생으로, 악단의 지휘자 및 선생으로, 그곳의 아이들과 함께하셨습니다. 고작 이

한 사람이 큰 회사보다 좋은 평가를 얻은 이유는 이렇습니다. 사랑은 완벽함을 건네주는 것이 아닐뿐 아니라 그럴 수도 없습니다. 사랑은 그저 더 나은 혹은 조금 더 완벽한 우리를 위해서 서로 맞추어 가는 것이라고 생각합니다.

스웨덴으로 떠나기 전에 구진성 대표님이 이런 말씀을 해주셨습니다.

"Boss와 Leader는 다르다. 진격하라를 외치는 사람은 보스이고, 나를 따르라를 외치는 사람은 리더이다. 둘의 차이를 알겠냐고 말씀하셨습니다. 둘 다 명령하는 사람인 것은 같습니다. 하지만 여기엔 중요한 차이점이 있습니다. 보스는 뒤에서 명령하는 사람이지만 리더는 가장 앞서가는 사람이고 따라오라고 명령하는 사람입니다. 많은 사람들이 이 둘을 헷갈리지만, 리더는 앞에서 끄는 사람입니다. 부족하고 실패하더라도 직접 함께하는 이들과 함께 이루어 나가는 사람입니다."

저에게 이태석리더십은 그런 리더십이자 사랑입니다.

세상은 하루가 다르게 변해 가지만 변하지 않는 것이 있다면 사랑이라는 생각이 들었습니다. 제가 만났던 많은 좋은 사람들, 그리고 이태석 신부님의 삶에서 보았듯이, 진정한 사랑은 거창한 말과 행동이 아닌 작은 실천과 그 마음에서 빛나고 있습니다. 봉사는 훌륭한 위인뿐만이 아닌 누구나 자신의 삶 안에서 실천할 수 있는 태도라는 것을 다시 한 번 느끼게 되었습니다.

저는 이번 활동을 마치고 '내가 어떻게 사랑과 봉사를 실천할 수 있을까?' 오랜 시간 생각했습니다.

아직은 앞으로 사회에서 제가 어떤 일을 하게 될지 모르겠습니다. 하지만 누군가를 돕기에, 사랑을 나누기에 너무 이른 시기는 없습니다. 그리고 준비가 될 때까지 기다릴 필요도 없습니다. 그래서 저는 이태석 신부님이 말씀하셨듯이 그저 제가 할 수 있는 것을 하려고 합니다. 가장 먼저 제 삶에 가까운 곳에서부터 그 사랑을 실천하려고 합니다. 가족과 친구, 이웃 그리고 나에게 낯선 이들에게 더 따뜻한 말과 행동으로 대하고, 누군가의 아픔과 어려움에 귀 기울이는 연습부터 실천하려고 합니다.

또한 저에게 주어진 기회들을 적극 활용해야겠다는 생각이 들었습니다. 제가 속한 지역사회와 학교를 섬기는 일들에 기쁜 마음으로 참여하고 이번에 좋은 경험과 사람들을 만날 기회를 주신 이태석재단의 활동에 더욱 꾸준히 참석하고 누군가를 위해서 제 시간을 나누는 것을 습관으로 만들기 위해서 노력하려고 합니다.

또 이번 이태석글로벌리더십스쿨의 강사님들이 공통적으로 하셨던 말씀인 '팀으로 활동하라'는 조언을 따르려고 합니다. 그래서 이번 활동들을 통해서 알게 된 친구들과 사회문제와 도움이 필요한 이들을 위해서 누군가를 돕고 문제들을 해결할 방법에 대해서 함께 생각하고 도전하는 활동들을 하려고 합니다.

마지막으로 저는 봉사와 사랑이 단순히 무언가를 나누고 도움을 주는 행위가 아니라 서로 성장하고 더 배우는 과정이라고 믿게 되었습니다. 누군가를 위해서 내 시간을 내려놓고 귀 기울이며 저 또한 겸손과 배려를 배우며 내면의 공간을 사랑, 희망, 연대와 같은 좋은 감정들로 채우며 더 나은 사람이 될 수 있다고 생각합니다. 그래서 봉사와 사랑, 그리고 이런 활동에 참여하는 일들이 삶의 작은 이벤트들이 아닌 그저 평범한 일상이 되게끔 받아들이려고 합니다.

이태석 신부님의 발자취를 따라

방수연
동작고등학교 2학년

나에서 우리로

이태석글로벌리더십스쿨을 준비하면서 나는 많은 기대와 설렘으로 가득 차 있었다.

정치와 외교에 대해 한 가지라도 더 배우고 싶다는 기대, 영어 실력이 늘 것이라는 설렘이었다. 솔직히 말해, 그 부분에 대해서는 내 기대에 나 스스로 부응하지 못했다.

하지만, 나는 이제야 깨닫게 되었다. 그 기대조차 초점이 잘못되었다는 것을. 나는 이번 이태석글로벌리더십스쿨을 통해 분명히 성장했다 확신할 수 있다.

사실 그동안 세계에서 일어나는 일들에 대해 잘 알고 있고, 민감하게 반응한다고 자부해왔다. 러시아-우크라이나 전쟁에 관한 강의를 들으면서도 막연하게 '전쟁은 끔찍한 것이구나'라고 단순히 생각했다. 그래서, 나는 강사님께 질문을 던졌다. '내가' 앞으로 무엇을 해야 하는지, '나의' 나라가 어디로 나아가야 할지.

하지만, 강의가 끝난 후 Katerina와 Daria가 울었다는 걸 듣고 나서야 나의 오만한 생각들과 '나,' 그리고 '나의 나라'에 초점이 맞추어진 질문들이 안일했다는 것을 깨달을 수 있었다.

세미나 활동과 전쟁, 국제에 대한 공부. 심지어, 3일이 넘는 기간 동안 우크라이나 친구들과 함께 먹고 자고 많은 이야기를 나눴음에도 나는 그들의 아픔을 직접적으로 깨닫지 못했다. 아마 내 마음속에는 '나와 관련 없는 일이지'라는 안일한 생각이 있었을 것이다. 하지만, 과연 나와 정말 관련 없는 일일까?

Kyrylo는 15살 때 전쟁이 시작되었고, 지금도 나와 2살 차이밖에 나지 않는다. 하지만, Kyrylo는 그 아픔을, 상처를 받았다. 그렇다면, 내가 그런 아픔을 겪지 않았던 것은 내가 잘나서 그런 것일까? 이 또한 전혀 아니다. 나는 그저 운이 좋았던 것이고, 내가 앞으로도 전쟁을 겪지 않을 것이라는 보장 또한 없다. 그렇기에 나는 우리가 그들의 아픔에 공감하고 관심을 가져야 한다고 생각한다.

그걸 이제야 깨달은 내가, 우크라이나 친구들에게 위안이 되는 말 한마디 건네지 못한 내가 너무나도 한심하게 느껴졌다. 이런 미안함과 전쟁의 끔찍한 현실에 나도 모르게 눈물이 났다. Katerina, Daria, Bohdana, Viktoriia, Kyrylo에게 진심을 다해 사과를 전했다. 서투른 영어에, 보디랭귀지까지 더해 우스꽝스러운 사과가 되었을지도 모르겠다.

하지만, 중요한 건 언어의 장벽이 아니었다. 언어가 하나도 통하지 않았던 남수단 톤즈의 사람들과 내가 가슴에 같은 꿈을 품고 장벽의 붕괴를 느꼈던 것처럼 말이다.

우크라이나 친구들과 나는 언어도, 문화도, 인종도, 같은 것하나 없지만 우리는 모두 서로의 품에 안긴 채, 함께 눈물을 흘렸다. 그 눈물은 그들이 전쟁 속에서 흘렸던 절망의 눈물과는 분명 달랐을 것이다. 그 순간 나의 진심이 그들에게 작은 위안으로 전해지길 바랐다.

나는 오늘도 부끄럽지 않은가?

"부끄러워하는 건 부끄러운 게 아니야, 부끄러움을 모르는 게 부끄러운 일이지"

어릴 때부터 많이 들어왔던 말이다.

나이를 먹어갈수록 부끄러움을 인정하는 일도 어려워졌다.

감정을 마주하는 건 언제나 버겁고 회피하고 싶어지기 마련이다. 하지만, 윤동주의 시를 읽으며, 부끄러움은 단순한 감정이 아니라 자신을 돌아보게 만드는 힘이라는 것을 느꼈다.

시를 읽고 나서 나 자신에게 물었다. 그리고 그 대답은 스웨덴에서 시작된 여정 속에 있었다. 그곳에서 나는 우크라이나 친구들의 고통 앞에서 쉽게 공감하지 못한 나 자신을 마주했고, 그 순간 눈물이 흘렀다. 나의 안일한 시선과 가벼운 행동들이 하나둘 떠올랐고, 그것들이 모두 부끄러움으로 다가왔다.

성장과 부끄러움, 전혀 어울리지 않는 두 단어이다. 하지만, 부끄러움에서 시작된 성찰은 나를 성장하게 만들었다. 이것이 '부끄러움을 아는 것'의 중요성이라고 생각한다. 부끄러움을 아는 것과 모르는 것은 큰 차이가 있다. 부끄러움. 즉, 자신의 잘못을 인정하는 것은 우리에게 성장의 기회를 준다.

사소한 것 하나에서도 자신을 돌아보며 성찰했던 윤동주처럼, 나는 오늘도 부끄럽지 않은가?

우물 안 개구리

15시간을 비행하여 도착한 스웨덴은 한국과는 분위기가 사뭇 달랐다. 호텔에서는 지나가는 사람들이 내게 안부 인사를 건넸고 나도 반갑게 반응했다. 다들 어딘가 여유가 있어 보였다. 한국에서 매일 무언가에 쫓기듯 앞만 보고 지내왔던 나였다.

주위를 살필 여유조차 없었던 내가 불쌍하기도, 한심하기도 했다. 그렇게 계속 '우물'에서만 있었다면 느낄 수 없었던 생각들이었다. 이제는 우물 밖으로 나온 나이기에 더 큰 세상을 꿈꿀 수도 있을 것이다.

왕관의 무게

이태석글로벌리더십스쿨을 두 번이나 다녔고, 남수단 봉사까지 다녀온 나였지만, '리더란 무엇이라고 생각하나요?', '어떤 리더가 되고 싶나요?'라는 질문을 받으면 머릿속이 새하얘지곤 한다. 리더십이란 무엇인지, 진정한 리더는 누구인지. 사실은 아직도 잘 모르겠다. 하지만, 이번 이태석글로벌리더십스쿨에서 많은 리더들을 보며 '리더'에 대한 생각이 많이 변화했다. 그저 막연하게 리더가 되고 싶다고만 생각했던 내가, 스웨덴 여정을 경험한 후에는 '리더의 무게'에 대해 깊이 있게 생각해보게 되었다.

리더는 여러 배경과 관점의 사람들을 이끌기에, 모두에게 존경받는 것은 어렵기 마련이다. 또한, 리더의 권력에는 항상 책임이 따르고, 그것을 모두 홀로 짊어져야 하는 고독한 자리이다.

나는 왜 이런 것들을 망각한 채, 그저 리더가 되고 싶다는 생각만 한 것일까? 아마 지금 이런 생각들 또한 진정한 리더가 되기까지 한 발 더 나아간 계기가 되었을 것이라고 나는 믿는다.

우공이산 (愚公移山)

'말보다는 실천이 중요하다.'
재단의 많은 강사님들께 들었던 말이다.

이태석 신부님 역시 늘 실천으로 먼저 보여주신 분이셨고, 그 점은 내가 신부님을 존경하는 가장 큰 이유이기도 하다.

우리 사회에서는 정치인들을 포함하여 말만 앞서는 리더가 많기에, '실천하는 리더'가 절실히 필요한 요즘이다. 이태석글로벌리더십스쿨 이전의 나는 '실천이 중요하다'는 말을 머릿속으로는 알고 있었지만, 마음 깊이 체감하지는 못했다. 그런데 이번 여정에서의 경험들은 그 깨달음을 온몸으로 느낄 수 있게 해주었다.

독일로 향하는 비행기에서 이탈리아 친구를 사귀었다. 나는 옆자리에 앉은 이탈리아 친구 Greta에게 용기 내어 먼저 말을 걸었고, 긴 비행시간 내내 한국의 교육 문제, 이태석 신부님, 남수단에서의 경험 등을 이야기하며 쉬지 않고 떠들었다. 그 친구는 이탈리아에서 물리학을 공부하고 있고, 한국에는 고려대로 교환학생 프로그램을 왔다고 했다. 우리는 마치 오랜만에 만난 친구처럼 함께 웃고 대화하며 긴 비행시간을 보냈다. Greta와 이야기를 하니 12시간 반이라는 긴 시간이 순식간에 지나갔다.

돌이켜보면, 이것 역시 '실천'의 힘이었다. 내가 고민만 하다 침묵했다면 우리는 그저 스쳐가는 낯선 승객으로 남았을 것이다. 하지만 용기를 내어 행동했기에, 우리는 서로에게 오래 기억될 친구가 될 수 있었다.

진심이 닿다

한국에서 나는 우크라이나 친구들과 강사님들께 드릴 작은 선물을 준비해 갔다. 복주머니와 한국 과자들이었는데, 매 강의마다 강사님들께 편지와 함께 내 이메일과 SNS 주소를 적어 선물로 드렸다. 사실 처음에는 단순히 내가 좋아서 준비한 일이었다. 그런데 선물을 받은 분들이 기뻐하는 모습을 보면서, 그 마음이 고스란히 전해진다는 것을 느낄 수 있었다.

그중에서도 특별히 기억에 남는 순간이 있다. 국회 부의장 Kenneth Forslund 님께서 직접 이메일을 보내주시고, SNS까지 팔로우를 해주신 것이다. 정치와 외교를 꿈꾸는 내게 스웨덴 국회 부의장님이 먼저 연락을 주신 일은 정말 뜻깊고 놀라운 경험이었다. 작은 실천이 만들어낸, 결코 작지 않은 결과였다.

인연은 때로 인생의 방향을 바꾸고, 크고 작은 선택에 큰 힘이 되어주곤 한다. 이태석글로벌리더십스쿨은 그런 인연들을 내게 아낌없이 안겨주었다. 나는 이번 여정에서 단순한 지식 이상의 것을 얻었다. 바로 '사람과 사람을 잇는 진심 어린 실천이 삶을 바꿀 수 있다'라는 확신이었다.

마음의 교류

Kyrylo, Bohdana, Viktoriia, Katerina, Daria.
낯설고 발음조차 어려운 이름들이라, 외우는 데 꼬박 3일이나 걸렸다. 하지만 내가 발음을 틀릴 때마다 친구들은 웃음을 터뜨리며 보디랭귀지까지 동원해가며 열정적으로 알려주었다. 이를 통해 나는 단순히 이름을 외운 것이 아니라, 친구들과 마음의 거리를 좁혀 갔다.

짧은 일주일 동안 나는 우크라이나에 대해 정말 많은 것을 배웠다. 간단한 우크라이나어 표현부터 문화와 역사까지, 모든 것이 새롭고 흥미로웠다. 그중에서도 가장 인상 깊었던 건 우크라이나 카드게임이었다. 단순한 놀이 같았지만, 그 안에는 우크라이나 사람들의 유머와 사고방식, 생활의 결이 고스란히 담겨 있었다.

특히 기억에 남는 날이 있다. Kyrylo, Daria, Katerina와 함께 식탁에 둘러앉아 라면을 먹던 저녁이었다. 우리는 모두 영어가 모국어가 아니었기에 서툴렀지만, 번역기와 몸짓을 총동원하며 대화를 이어갔다. Kyrylo는 컵라면에서 종이 맛이 난다며 웃음을 터뜨렸고, 자신의 학교 과제인 프로그래밍을 자랑스럽게 보여주었다. 대화는 끊임없이 이어졌고, 이내 우리는 카드게임을 함께 즐기며 시간 가는 줄 몰랐다.

지구 반대편에서 만난 친구들과 같은 테이블에 둘러앉아 문화를 나누고 웃음을 터뜨릴 수 있다는 사실이 그저 놀랍고 감사했다. 우리는 몇 년을 함께한 친구들처럼 시끄럽게 떠들고, 서로의 억양과 발음에 장난을 치며 웃어댔다. 그 순간만큼은 전쟁도, 언어도, 국적도 모두 사라진 듯했다.

돌아와 지금도 그 시간을 떠올리면, 마음이 절로 따뜻해지고 행복해진다. 짧은 만남이었지만, 내게는 오래도록 잊히지 않을 소중한 기억으로 남았다.

여정은 끝나지 않았다

이번 이태석글로벌리더십스쿨에 참여한 것은 나에게 단순한 배움의 기회를 넘어, 삶의 방향을 더욱 분명하게 해준 여정이었다. 국제와 정치에 대한 지식은 물론, 다른 문화 속에서 소통하는 방법, 그리고 타인의 아픔에 공감하는 힘을 깊이 배울 수 있었다.

앞으로 나는 정치외교학과에 진학하여 이번 여정에서 얻은 배움과 깨달음을 토대로 국제사회의 다양한 문제를 더 깊이 탐구하고 싶다. 단순히 이론적인 학문에 머무르지 않고, 현장에서 직접 보고 들었던 경험을 바탕으로 현실에 뿌리내린 연구와 실천을 이어가고자 한다.

학교로 돌아온 지금, 나는 내 경험을 혼자 간직하지 않으려 한다. 발표와 토론의 자리에서 스웨덴과 남수단에서 느낀 것들을 친구들과 공유하고, 함께 고민하며 리더십을 배워갈 것이다. 이는 나 혼자 성장하는 길이 아니라, 주변의 친구들과도 함께 성장할 수 있는 길이 될 것이다.

또한, 이번 여정을 통해 맺은 소중한 인연들을 소홀히 하지 않고, 꾸준히 연락을 이어가며 서로의 삶을 응원할 것이다. 이미 우크라이나 친구들과 함께 후속 봉사활동을 준비하고 있다는 사실만으로도, 이번 이태석글로벌리더십스쿨이 일회성 경험이 아닌 살아 있는 실천으로 확장되고 있음을 느낀다.

무엇보다 나는 이태석 신부님의 삶을 통해 배운 '실천하는 리더십'을 잊지 않을 것이다. 나의 작은 말과 행동이 다른 이에게 희망과 위로가 될 수 있음을 기억하며, 앞으로도 그 정신을 널리 퍼뜨리고자 한다. 스웨덴에서 시작된 이 배움이 내 삶의 뿌리 깊은 힘이 되어, 언젠가 국제무대에서 더 큰 실천으로 이어지기를 간절히 바란다.

세계 속의 리더로 성장하다:
스웨덴에서의 배움과 깨달음

송수아
별무리학교 3학년

내가 정말 좋아하는 이태석재단에서 이태석글로벌리더십스쿨을 연다는 소식을 들었다. 정치의 대가들을 모시고 교육을 받는다니! 우크라이나 친구들과 함께 지낸다니! 그것도 무려 스웨덴에서! 이런 어마어마한 기회를 송수아가 놓칠 수 없지. 바로 간다.

이태석글로벌리더십스쿨은 7월 26일부터 8월 3일까지 Bommersvik과 스웨덴 의회 건물, Stockholm에서 스웨덴의 뛰어난 정치인들에게 강의를 듣고, 토의하고, 임팩트 랩을 기획하는 프로그램으로 구성되었다. 강사진으로는 Olle Thorell 스웨덴 5선 의원, Kenneth G. Forslund 스웨덴 국회부의장, SSU

(Swedish Social Democratic Youth League)의 Mariam, Arian, Oskar, Tole, Elin씨, 최연소 여성시장인 Amanda Lindblad 시장, Ann Linde 전 외교부장관, 주스웨덴한국대사관 이현종 대사, Nordic Ukraine Forum의 Alina Zubkovych 대표, 우크라이나의 쉰들러라 불리우는 Armen Melikyan 이태석재단 우크라이나 지부장, 최연소 국회의원 겸 변호사인 Aida Birinxhiku 의원, Mogens Godballe 덴마크 자유학교장님이 오셨다. 엄청난 라인업이다. 인생 살면서 단 한 번도 보기 어려운 분들을 코앞에서 뵙게 되었다. 내가 이태석글로벌리더십스쿨에 간 이유는 첫 번째, 국제적인 시야를 열고 확장시키기 위하여, 두 번째, 리더십 스킬을 터득하기 위하여, 세 번째, 어리고, 여자이며, 작은 체구인 내가 세상에 당당히 맞서는 법을 배우기 위해서였다.

첫 번째 목표, 국제시야의 확장은 스웨덴 스쿨을 가기 전 국제정세 세미나 때부터 이루어졌다. 이태석리더십아카데미 구진성 대표님께서 매주 한 번씩 온라인 미팅을 통해 국제관계의 역사와 흐름, 전쟁의 역사에 대해서 강의해 주셨다. 잘 모르던 분야라 이해가 안 되는 부분도 많았고 정말 어려웠다. 학업과 세미나 준비를 병행하는 것도 쉽지 않았다. 그러나 최선을 다해서 자료조사를 하고 유튜브 강의를 시청하고 발표도 한 결과 북유럽의 역사나 우크라이나 전쟁 발발 원인 등 세계 역사와 지식들을 알 수 있게 되었다. 정치인 분들의 강의를 들으면서 스웨덴에 대한 정보도 배웠고, 그 사람들이 그 나라의 모든 것을 흡수하고 만들어진 살아 있는 산출물이라는 생각이 들었다. 어릴 때부터 정치에 관심이 있었다는 말을 여러 명에게서 듣고 정말 선진국임을 알게 되었다. 이러니 스웨덴이 정치로 유명하고 잘 살지. 한국도 어릴 때부터 정치에 관심을 갖도록 하는 게 필요하다. 강사님들을 대하는 재단 분들의 품격 있고 정중한 태도, 우크라이나 난민 친구들이 알려준 전쟁을 실제로 겪은 이야기, 국경을 넘어 진심 어린 감정공유, 문화와 일하는 방식의 차이를 극복하고 해결해 나가며 협업한 과정들을 통해서 국제시야를 많이 확장하였다

두 번째, 리더십 스킬은 여러 부분에서 배웠는데, 첫 번째는 먼저 준비성을 통한 자신에 대한 확신이다. Aida의 말에서 자신감은 최고가 되는 게 아니라 나 자신에 확신을 갖는 것이라는 말이 내게 큰 깨달음을 주었다. 확신을 갖는 법에 대해서는 'Preparation'이라고 하셨다. 내가 남수단 갔을 때 강의의 카리스마를 부러워하며 내가 우유부단하고 생각했을 때가 있었는데, 남수단을 다녀오고 글을 쓰면서 사실 우유부단한 게 아니라 내 말에 확신이 없어서 나 자신을 못 믿기 때문이었다는 것을 발견했었다. Aida이 제시한 준비성을 통해 자기 확신을 가질 수 있고, 그로 인해 자신감과 카리스마 있는 리더가 될 것이라는 연결성 있는 배움을 얻었다.

두 번째 스킬은 진정성 있는 공감과 겸손이다. 스킬보다는, 사람이라면 마땅히 갖추어야 할 덕목이라고 생각한다. 단어의 한자인 함께 공, 느낄 감처럼 팀원들의 마음을 진심으로 함께 느끼는 것이다. 리더는 팀원들과 좋은 관계를 가져야 한다. 팀원들이

리더와 팀을 인간적으로 좋아하고 따른다면, 그보다 더 좋은 팀워크는 없을 것이다. 내가 우크라이나 친구의 상처에 깊게 공감한 경험이 있는데, 그때 우크라이나 친구의 나를 향한 마음이 확 열리는 것을 느낄 수 있었다. 마음과 마음이 연결되는 것, 비로소 사람과 사람이 하나로 연결되는 것, 그게 바로 공감이고, 리더에게 필요한 덕목이다. 또한 스웨덴의 정치인들을 보면 그들이 높은 지위와 명성으로 사는 게 아니라 겸손한 자세로 국민들에게 도움이 되는 정책이 무엇일지 진심으로 그들 곁에서 탐구하는 것이 느껴진다. 같이 인사만 하더라도 정말 살갑고 나를 존중해주는 것이 느껴졌다. 겸손함을 갖춘 돈보다 국민을 위하는 마음으로 일하는 정치인 분들이 정말 존경스러웠다.

세 번째 리더십 스킬은 자세이다. Aida는 강의 중 한 치의 흐트러짐 없이 바른 자세와 총명한 눈빛을 유지했다. 그 태도가 그녀에 대한 나의 신뢰도를 높이고 있음을 발견했고 비언어적 요소, 특히 자세와 눈빛이 리더의 신뢰감에 큰 영향을 준다는 것을 몸소 느꼈다.

네 번째 리더십 스킬은 체력적으로 힘든 극한의 상황에서도 힘든 것을 드러내지 않고 같은 모습을 유지하는 것이다. 스웨덴 스쿨 일정 속 고도의 집중력을 요하는 긴 강의시간과 하루 종일 다른 언어를 사용해야 하는 것, 임팩트 랩 때 겪은 갈등에서 받은 스트레스와 비교적 짧은 휴식시간으로 인해 체력적으로 많이 힘들었다. 그러다 보니 밤이 되면 졸려 하는 게 티 나고, 최상의 컨디션을 유지하기 어려웠다. 그런데 계속해서 아이들을 챙기는 조교를 볼 때, 그리고 재단 일 외에 원래 하시던 비즈니스도 함께 해야 해서 학생들보다 신경 써야 할 것들이 몇 배는 많았을 대표님과 지부장님의 굳건하신 모습을 보면서 극한의 상황에서도 리더가 흔들림 없는 것이 매우 중요한 덕목임을 강하게 느꼈다. 난 그런 한결같은 컨디션을 유지하는 변함없는 리더가 될 것이다. 그러기 위해서는 overacting, over-participating, over-passionate를 조절하는 것이 필요하다고 생각했다. 무조건 에너지를 콸콸 부어서 열심히 하는 게 마냥 좋은 게 아니라, 나중에 사용할 에너지를 잘 분배해서 사용하는 것이다.

　스웨덴에 가기로 한 세 번째 목표는 어리고, 여자이며, 체구가 작은 사람이 어떻게 당당함을 유지할 수 있는지 그 방법을 알아오는 것이다. 가장 인상 깊었던 방법은 상대방을 의자에 앉히라는 것이었다. 이 말을 듣고 완전 '띠용~ㅋㅋㅋㅋ!!!!' 신선한 충격이었다. 이런 방법도 사용할 수 있다니! 정말 괜찮은 방법이라 생각했다. 꼭 나의 능력, 그 사람의 능력에 관련된 게 아니더라도 외부적인 환경을 나에게 유리하게 조성하는 것도 똑똑한 스킬이라는 것을 깨달았다. 덩치도 크고 무서운 아우라를 가진 사람이 화내고 소리 지른다고 해도 그게 그 사람의 화를 내는 방식이 아닐 수도 있는 것이라는 말 또한 인상 깊었다. 내 기준으로는 저 정도 세기면 화내는 거지만 다른 사람 기준으로는 조곤조곤 말하는 것일 수도 있다고 생각해보는 것이다. 이런 스킬들을 참고하고 계속해서 도전하면 Amanda, Aida, Ann Linda처럼 당당히 서 있을 수 있으리라.

이태석글로벌리더십스쿨을 하며 가장 기억에 남는 시간은 우크라이나-러시아 전쟁으로 인한 참담함을 느꼈던 시간이다. 아르멘 멜리키안님의 강의에서 우크라이나 현지 영상을 시청했다. 러시아 탱크, 부모님을 잃은 아이들, 전쟁으로 뼈가 뒤틀린 아이, 부서진 건물들이 나왔다. 영상을 보고 있는데 갑자기 어떤 기운이 확 느껴졌다. 옆에 앉아 있던 우크라이나 친구의 감정이었다. 불안함, 무서움, 공포 같은 단어로는 완벽히 표현할 수가 없는 것이었다. 영상이 시작되자마자 눈빛이 흔들리고, 손이 떨리기 시작했다. 한순간에 정신적으로 엄청 불안해진 모습이었다. 구슬이 엮인 팽팽한 줄이 단 하나의 작은 진동에 바로 탕 끊어져 버리는 듯했다. 성격이 밝은 친구라서 어, '생각보다 괜찮아 보이네' 라고 평소에 생각했었는데 그게 아니었다. '아, 그냥 속마음을 숨기고 살았던 거구나, 한 번의 트리거에 바로 이렇게 반응이 나타나는구나!' 어느 순간 나도 같이 눈물이 나기 시작했다. 얼마나 힘들었을까? 나와 똑같은 소녀인데… 나와 다를 거 없이 행복하게 살 수 있는 소녀인데.. 얼마나 힘들었을까? 눈에 다 담기지 않는 눈물이 흘러넘쳤다. 슬프다거나, 걱정스러움 같은 감정보다도, 잔혹한 전쟁의 위력에 마치 압도되는 느낌이었다. 친구를 안고 같이 우는데 친구가 입을 열었다. "Did you realize the problem?" 그 말을 들은 순간 온몸이 댕 하고 울렸다. '아, 이게 전쟁이구나. 내가 지금까지 알던 것은 전쟁이 아니었구나!' 이제야 전쟁이 무엇인지 깨달았다. 이 친구를 통해 전쟁을 간접적으로 본 것 같았다. 전쟁이 이렇게 한 사람을 뒤흔드는 공포스럽고 불가항력의 것이라는 걸. 명상을 하면서 마음을 다잡기 위해 노력했다고 했다. 그래서 '요즘에도 명상하고 있어?'라고 물었더니 "EVERYDAY"라고 말했다. 그 친구는 전쟁 속에서 버텨내기 위해 지금도 매일 매 순간 고군분투하고 있었다. "We can't reduce, decrease the pain even though we try to forget about it. This pain shouldn't be delivered to others. Nobody can understand the pain. But we will never give up."

강의 후 대표님의 말씀을 들으면서 정말 많은 생각이 들었다. 가장 큰 마음은 미안함이었다. 우크라이나 친구들이 임팩트 랩을 무슨 마음으로 하고 있는지 생각해보기는 했냐는 말씀이 날카롭게 꽂혔다. 그 친구들은 실제로 우크라이나에 남아 있는 가족, 친구, 친척을 생각하면서 이렇게 하면 더 도움이 되겠지? 이렇게 하면 진짜 되겠지? 희망을 품고 기획했을 텐데… 난 그것도 생각하지 못하고 그냥 해야 하는 일로 생각했고, 팀 내 갈등이 생겼을 때 부정적인 감정을 갖기도 했다. 더욱 미안했던 점은 프로젝트를 대하는 나의 마음을 우크라이나 친구들도 알았을 것이라는 거다. 그들의 진심과는 다른 마음을 가지고 있었다는 것을. 이때 느낀 전쟁은 지금까지 접한 전쟁과는 차원이 달랐다. 이전에 내가 알던 전쟁은 전쟁의 'ㅈ' 자도 아니었다. 이 일을 계기로 나는 이제야 전쟁을 알게 되었다. 이제야 깨달았다. 전쟁을 절대 가볍게 여겨서는 안 된다. 전쟁을 절대 흥미진진하다거나 재미있는 소재로 여기면 안 된다. 절대로.

이태석글로벌리더십스쿨을 졸업하면서 내가 가장 크게 변한 것은 '청소년도 정치를 잘할 수 있다!'라는 용기를 얻게 된 것이다. 지금까지 나에게 '정치'란 어려운 것, 하기 싫은 것, 잘 모르겠는 것이다. 정치를 배워보고 싶어서 뉴스를 켰었는데 모르는 단어만 줄줄이 나왔고, 단어의 뜻을 찾아봐도 그 뜻 설명에 또 모르는 단어가 나왔다. 결국 이해가 하나도 안 돼서 뉴스를 꺼버렸었다. 그리고 여전히 청소년에게 정치란 하기 어려운 것이고 그게 당연하다고 생각했다. 그런데, 그건 나의 합리화였다. 스웨덴에서 SSU 분들이 오셨을 때 Oskar라는 분을 만났는데 정치에 대해 말을 엄청 조리 있게 잘하시고 굉장히 똑똑하셨다. 내가 한 질문에도 자세를 바로잡고 진지하게 답해 주셨다. 그래서 '와… 진짜 멋있으시다.' 하며 존경의 눈으로 바라보고 있었는데, 이어서 그 분이 하는 말. "I'm 19 years old." '예????' 그분은 나와 고작 1살 차이셨다. 나와 다를 게 없는 청소년인데, 그분은 영향력 있는 유명 단체 SSU에 들어가서 이렇게 리더십스쿨에 강연도 하고 다니면서 정치를 정확하게 꿰고 계셨다. 그 순간 엄청난 놀라움과 동시에 '오, 이분도 19살인데 이렇게 잘하신다면, 나도 할 수 있겠는데?'라는 생각이 들었다. Oskar가 스웨덴에는 청소년들을 위한 정치 클래스나 모임이 많다고 했는데, 나도 그런 정치 학습 모임에 들어가보고 싶다는 생각이 마음속에서 샘솟았다. 뉴스 보고 어려워서 그냥 꺼버리는 게 아니라, 인터넷에서 그런 정치를 알려주는 조직을 찾아보고 처음부터 차근차근 배워보는 것이다. 왜 그 생각을 못했지? 인터넷에 찾아보면 정치 클래스,

정치 교육 커리큘럼이 얼마나 많은가? 한국의 정치 관련 단체와 교육을 찾아보고 가입해볼 것이다. 카페가 있다면 카페에도 가입해보고, 어렵다고 포기하지 않고, 처음부터, 용어 하나하나 차근차근 배울 것이다. 나 자신이 더 능동적인 탐색가가 된 것 같다고 느낀다. 요즘 들어서 정치와 정책들이 우리 삶에 얼마나 밀접하게 관계가 있고 영향을 주고받는지를 많이 느끼고 있다. 이태석글로벌리더십스쿨에서 본 리더들처럼 나도 사람들을 진심으로 대하고, 똑똑하고 겸손한 영향력 있는 리더가 되고 싶다. 장차 그런 사람이 되리라 굳게 다짐했다.

이태석글로벌리더십스쿨을 다녀오고 많은 것을 느꼈다

오하랑
경남항공고등학교 2학년

나는 이태석글로벌리더십스쿨을 가기 전에 정말 많은 생각을 했다. 내가 스웨덴에 가서 열심히 할까, 정말 내가 많은 것을 배울 수 있나, 사람들과 어울릴 수 있나 등등. 결국 나는 스웨덴의 민주주의 정치를 배우고 싶어서 신청하였다. 스웨덴에 갔을 때 처음 우크라이나 학생을 보았다. 우크라이나 학생들은 매우 기쁜 얼굴로 우리를 맞이해 주었다. 그리고 열심히 공부하려는 열정이 매우 컸다. 첫 강의부터 나는 너무 힘들었다. 왜냐하면 모든 것이 영어로 소통되었기 때문이다.

  영어를 모르는 나는 강사와 학생들이 말하는 것이 무엇인지도 모르고 매우 알아듣기 어려웠다. 그때 나는 나와 이 스쿨의 다른 학생들과 차이가 뭔지 깨달았다. 강의 중이나 일상적인 영어로 대화하면서 웃을 때 나는 무슨 내용인지 몰라서 웃지도 못했다. 나는 스웨덴에 온 것을 후회하였다. 영어도 모르고 아무것도 얻을 수 없는 여기 스웨덴에 와서 내가 뭘 할 수 있는지 많이 생각한 것 같다. 그리고 남들과 잘 어울리지도 못하고 혼자 다니면서 스웨덴 스쿨에 온 목적을 잃어버릴 정도였다. 차라리 가족여행이나 갈 것인데 하며 마음속으로 투덜거렸다.

  하지만 이미 스웨덴에 와 있어서 포기할 수도 없었다. 그래서 한번 해보자는 마음으로 강의 시간에 번역기를 써 보고 강사님 말씀을 알아들으려 최대한 노력하였다. 강의를 들으면서 다른 학생들을 조금씩 쳐다보았다. 다른 학생들은 자신이 가져온 태블릿, 노트북을 이용하여 필기하는 것을 보았다. 필기조차 영어여서 알아보기도 어려웠다. 우크라이나 학생들뿐만 아니라 많은 학생들이 매우 집중하여 강의를 듣고 있었다.

  나는 학생들의 열정과 집중력을 본받고 싶었다. 하나를 해도 제대로 하는구나. 나는 번역하고 받아 적기 바쁜데 강사님의 영어를 알아듣는 것이 가장 부러웠다. 그렇게 매일 같은 일들이 반복되었다. 아르멘 멜리키안님 강의에 큰 감동을 받았다. 강사님은 러시아 우크라이나 전쟁 중에 엄청난 거리를 이동하면서 우크라이나 사람을 구해준 정신이 대단하였다. 강의하면서 남수단 봉사활동과 우크라이나 전쟁 상황의 영상도 보여주었다. 이 영상을 보던 우크라이나 학생들은 전쟁의 아픔과 그리움 때문에 매우 슬프게 울었다. 그 모습을 보니 그 상황이 공감되고 안타까웠다.

그렇게 수업을 듣던 도중 매우 피곤하여 꾸벅꾸벅 졸고 있었다. 대표님께서 나를 깨워 주시고 수업을 듣지 말라고 하셨다. 이해가 가지 않았다. 조금 졸았다고 수업을 나가라고 할 줄은 몰랐다. 수업이 끝난 뒤 대표님께서 한국 학생들을 크게 꾸짖으셨다.

우크라이나 학생들은 나라를 잃어버린 슬픔 때문에 울고 있는데 너는 거기서 어떻게 꾸벅꾸벅 졸 수가 있냐? 잠이 오냐? 라고 하셨다. 그때는 정말 부끄러웠다. 먼 여기 스웨덴 스쿨에 참가하여 모두가 하나라도 가르치고 배우려는 의지에 불타는데 나로 인해 남들에게 피해를 준 것 같아 나 자신이 한심하고 졸았던 것이 후회스러웠다.

이제부터라도 강의 중에 조금 더 진지해지고 졸지 말자고 스스로 다짐하였다.

그렇게 수업하면서 잠이 오면 스스로 뒤에 서서 강의도 듣고 또 집중하면서 그룹 회의를 할 때도 나의 의견도 더 증가한 듯하였다. 나 자신이 조금 변해 가는 모습이 느껴졌다. 그렇게 함께 활동한 '모둠원' 친구들과 마지막 임팩트 랩에서 발표하게 되었다. 많이 떨리고 긴장도 되었지만 남들 앞에서 발표를 안 할 수가 없었다. 이번 한 번이라도 내 주장을 말해보자는 마음으로 발표하였다. 발표하는 중에 약간 떨었지만 그래도 발표를 시도한 것은 잘했다고 생각한다. 모든 과정이 끝나가면서 다시 생각했다. 내가 스웨덴에 오길 잘했냐고?

난 잘했다는 생각이 든다. 잊지 못할 경험을 얻었으니, 강사님에게 배운 말들을 잊지 않을 것이며 생활에도 강사님이 해주신 말들과 조언을 기억할 것이다. 다음에 또 스웨덴 스쿨에 참가하게 된다면 이번보다는 더욱더 변화된 모습으로 간단한 소통이라도 영어로 할 수 있게 배워서 참가하고 싶다.

저에게 이런 소중한 경험을 주신 이태석재단 관계자 모든 분께 다시 한 번 감사를 드립니다. 감사합니다.

이태석글로벌리더십스쿨 소감문

윤예림
예림디자인고등학교 2학년

나에게 이태석글로벌스쿨은, 현실에 안주하는 마음이 아닌, 앞으로 다가올 미래에 대한 기대와 방향성을 깨닫게 되는 여정이었습니다. 전 이번 스쿨을 통해 배움의 즐거움을 진심으로 느끼고 삶의 지혜를 한 아름 얻을 수 있었습니다.

1. 실패에 대한 태도

넘어져서 좋았습니다. 올해 초 참가했던 이태석글로벌리더십스쿨에서 다양한 시도를 하고 그에 따른 실패를 맛보았습니다. 때때로 실수를 했다는 사실이 부끄럽고, 얼굴이 화끈거렸습니다. 마치 발가벗겨져 진흙탕에 구르는 기분이었죠.

하지만 이 후회의 경험들은 제가 얻게 된 가장 큰 선물이었다고 생각합니다.

만약 운이 좋아 바로 성공했더라면 간과했을지 모를 수많은 교훈들을 오히려 실패 속에서 비로소 깊이 느낄 수 있었기 때문입니다. 우크라이나 속담 중에 '눈물이 많은 곳에 지혜가 있다'라는 말이 있습니다. 저에게 이 속담은 넘어지고 실패하며 눈물 흘렸던 순간들이야말로, 지혜를 얻는 소중한 시간이었음을 깨닫게 해주었습니다.

스스로에게 실망했던 순간들을 오답 노트 삼아 자아 성찰의 기회로 여긴다면, 분명 더 큰 성공을 위한 디딤돌이 될 것입니다. 또한 좋은 리더는 넘어지지 않는 사람이 아니라, 실수에도 불구하고 이를 통해 삶의 지혜를 찾아 미래를 향해 도약하는 사람이라는 것을 깊이 공감하게 되었습니다.

2. 이태석글로벌리더십스쿨에서 찾은 나만의 무기

이전까지 저는 스스로의 강점을 제대로 알지 못했습니다. 사회의 틀에 나를 맞추려 아등바등하며 단점을 없애는 데 급급했습니다. 하지만 스쿨을 통해, 뛰어난 강사진 분들의 강의를 통해, 저만이 가진 무기에 대해 생각해보는 계기가 되었습니다.

〈젊음〉 / Aida, Amanda, SSU

불공평한 인생에서 모두에게 공평한 것이 하나 있다면 그건 바로 '시간'입니다. Aida와 Amanda는 종종 어리기 때문에 무시나 부당한 대우를 겪기도 한다고 했지만, 저는 오히려 젊음이야말로 가장 값진 장점이 될 수 있다고 생각합니다. 스웨덴 정치의 청렴하고 겸손한 성격이 계속 유지될 수 있었던 그 중심에는 Aida, Amanda와 같은 젊은 정치 리더들과 SSU처럼 청년들의 적극적인 정치 참여가 있었기 때문임을 알았습니다.

1) 젊음은 변화에 맞춰 적응하는 사고의 유연함을 지녔습니다. 이는 빠르게 변화하는 현대 사회에서 매우 유리한 강점입니다.
2) 젊음은 회복력이 빠릅니다. 어른들이 '젊을 때 이것저것 해봐야 한다'고 괜히 강조하는 게 아니라는 생각을 했습니다. 우리는 '청소년'이라는 이름 아래 몇 번이나 실패해도, 감정 조절에 서툰 모습을 보여도, 용납하고 이해받을 수 있는 특권을 가지고 있습니다.
3) 젊음은 무궁무진한 가능성과 잠재력을 지녔습니다. 우리는 어떤 교육을 받고 어떤 사람과 어울리는지에 따라 미래에 영향을 받습니다. 떡잎만 보고 좌절하거나 포기하기에는 너무 이릅니다. 따뜻한 햇살과 바람, 적절한 비와 좋은 비료가 있다면 누구보다 웅장한 나무로 장성할 가능성이 우리 안에 있기 때문입니다.

〈공감과 순수함〉 / Kenneth Forslund, Ann Linde, Armen Melikyan

저는 사실 그동안 과한 공감은 상대에게 부담을 주고, 순수함은 무시당하거나 약점으로 이용될 수 있다고 생각했습니다. 그래서 이러한 성격을 애써 감추고 억누르려 했습니다. 하지만 스쿨에서 만난 국회부의장님, 전 외교부장관님, 그리고 우크라이나의 전쟁 현장에서 목숨을 걸고 사람을 구하는 아르멘님의 이야기를 들으며 진정한 리더십은 겸손함과 이타심에서 나온다는 것을 깨달았습니다. 결국 남의 시선을 의식하며 타인을 흉내 내기보다, 나 자신으로서 최선을 다하는 것이 가장 중요하다는 사실을 깨달았습니다. 그리고 제가 약점이라고 숨기려 했던 성격들은 사실 강점이었음을 보여주었습니다.

'내가 더 나은 형편'이라서 돕는 것이 아니라, 상대의 문제를 '나의 문제'로 생각하고 함께 이겨나가려는 따뜻한 마음의 기초가 바로 공감능력이었습니다. 어쩌면 글로벌 리더에게 필요한 자질은 모두를 압도하는 카리스마나 화려한 멋이 아니라, 세계의 문제를 진심으로 우리의 문제처럼 생각하고 최선으로 대응하는 자세가 아닐까 생각 했습니다.

〈사색과 고뇌〉 / Impact Lab

저는 이것저것 잡다한 생각이 많아서 종종 피곤하게 산다는 이야기를 듣는 사람입니다. 그 말에 동의했습니다. 남들은 그 시간에 공부하거나 결과물이 있는 활동을 하는데, 저는 아무런 의미없는 생각 따위에 시간을 낭비하고 있다고 생각했습니다. 하지만 임팩트 랩을 통해 깨달았습니다. 제가 낭비한다고 생각했던 사색의 시간들이 사실 저를 더 깊이 있는 사람으로 만들어주었다는 것을요. 또한 로드맵을 구상하는 데 있어 끊임없는 고민은 빈틈을 메꾸고 의견을 더욱 효과적으로 확립할 수 있게 하는 역할을 했습니다.

남수단을 다녀온 친구들과 조교님들이 강조했던 '기록'의 의미가 무엇일까 고민했습니다. 이는 단순히 오늘을 추억하기 위함만이 아닐 것입니다. 좋았던 것, 아쉬웠던 것, 그리고 나의 생각들을 기록하는 것은 곧 사색을 위한 재료가 됩니다. 단순히 감정에 그치지 않고 기록을 통해 되새기다 보면 만족은 성공을 위한 데이터가 되고, 후회는 더 좋은 선택을 위한 나침반이 되어 저를 성장시킵니다. 우리가 오답노트를 작성하는 이유, 그리고 한 사람 한 사람의 삶의 지혜가 담긴 책을 읽는 이유가 바로 이 때문입니다. 끊임없는 성찰과 고뇌는 비록 힘든 과정일지라도, 어느새 정신을 차려보면 훌쩍 성장한 자신을 발견하게 하는 놀라운 힘을 가지고 있습니다.

〈인맥〉

이태석글로벌리더십스쿨에서 저는 과분하다고 느껴질 만큼 좋은 사람들과 함께했습니다. 이미 각자의 분야에서 뛰어난 리더분들의 강의에선 그분들을 닮아가고자 하는 데에서 깨달음을 얻었다면, 스쿨 동기들은 서로의 장점을 일깨워주고 단점을 극복할 수 있도록 응원하는 조력자가 되었습니다. 우린 스스로 자신의 얼굴을 보지 못하고, 거울에 비춰봐야 알 수 있듯이, 현실의 나를 가장 잘 아는 방법은 나를 비추고 있는 나의 공동체, 만나는 사람들을 보는 것입니다. 때문에 어떤 사람과 어울리고 어떤 공동체에 소속되어 있는지는 정말 중요합니다. 학교에서 하던 일상적이고 시시콜콜한 대화에서 벗어나, 지적 호기심이 자극되는, 서로의 지식과 견해를 매일 교류하는 것은 정말 행복한 경험이었습니다. 몸은 조금 피곤했지만 배움에 대한 욕구는 계속해서 강해졌고, 유튜브를 보는 것보다 즐거웠습니다. 스웨덴에서의 경험이 끝나고 일상으로 돌아가는 것이 싫을 만큼, 저는 배움에 목말라 있었나 봅니다. 모든 과정이 끝나고 구진성 대표님께서 "우리가 스웨덴에서 만난 강사님들과 동기들은 귀한 인연이자 인맥이니 이 만남을 계속 이어가라"고 말씀해 주셨을 때, 알았습니다. 과정의 끝이 아니라, 이 귀중한 인연의 시작이었음을요.

3. 앞으로의 비전

이번 이태석글로벌리더십스쿨을 통해 배운 것은 진정한 리더십은 배움에서 끝나는 것이 아니라, 배움을 실천하는 데에서 온다는 것입니다. 저는 앞으로 스쿨에서의 값진 경험과 배움을 실천으로 옮기고자 합니다.

첫째, 이태석재단에서의 활동을 적극적으로 이어가겠습니다. 이태석글로벌리더십스쿨, 이태석글로벌리더십스쿨을 통해 지성이 성장하고 제가 가야 할 길과 방향성을 구체적으로 알게 되었습니다. 재단 사람들과 지속해서 건강한 만남을 가지고 어떻게 하면 더 나은 사회를 구축할 수 있을지 서로의 생각을 나누겠습니다.

둘째, 주변의 친구들과 지인들에게 이태석글로벌리더십스쿨의 경험을 나누고 소개하겠습니다. 제가 받은 긍정적인 영향, 그리고 이태석 신부님의 사랑과 봉사의 정신이 더 많은 사람들에게 전파될 수 있길 바랍니다. 또한 스웨덴에서 만난 겸손하지만 강인한 리더들처럼 제가 속한 학교, 가정 같은 공동체 속에서 책임감을 가지고 역할을 다해 큰 발전을 이루는 리더가 되겠습니다.

셋째, 글로벌 세계 문제에 대해 끊임없는 관심을 보내며 우크라이나와 남수단을 위해 할 수 있는 작은 일이라도 실천하며 노력하겠습니다. 특히 임팩트 랩 프로젝트 진행에 있어 디자인 파트를 맡아 전쟁의 비극성과 어려움을 보다 잘 전달할 수 있는 디자인을 만들고 싶습니다. 또한 팀원 모두가 한마음으로 이 활동이 힘들어하고 있을 우크라이나 친구들에게 도움이 되길 바라며 각자의 재능을 발휘해 선한 영향력을 끼칠 수 있기 바랍니다.

이번 과정은 저에게 나도 몰랐던 나를 알아가고, 우리의 힘을 깨닫고 세상을 향한 책임과 사랑의 마음을 선물해주었습니다. 사랑과 봉사의 글로벌 리더십을 머리가 아닌 마음으로 느끼고 스웨덴 정치가 분들을 보며 몸소 경험할 수 있었던 소중한 시간이었습니다. 이제는 이 배움을 가지고 앞으로 나아가 더 큰 세상을 마주하고 싶습니다!

이태석글로벌리더십스쿨 소감문

이서윤
나주고등학교 1학년

이태석글로벌리더십스쿨 참가 전과 후의 달라진 점

안녕하세요.

 저는 이태석리더십스쿨 광주스쿨 3기 졸업생이며 이번 이태석글로벌리더십스쿨 1기를 졸업한 이서윤입니다.

 처음 이태석리더십스쿨을 알게 되었던 건 이태석재단 정경미 지부장님의 소개 덕분인데요. 광주스쿨을 졸업했지만, 서울에서 진행된 이태석리더십스쿨과는 거리가 있다 보니 처음과 달리 갈수록 연락이 뜸하게 되었습니다. 그 기간 저도 고등학교에 입학하고 제 삶을 살기 바빴고, 내신도 챙기면서 아직 고1이니까 안심하여 하루하루 살아가는 데 즐거움을 찾으며 살았습니다. 그러다 정경미 선생님의 소개를 받아 이태석글로벌리더십스쿨에 관심을 두기 시작했는데 조건이 영어회화가 가능해야 한다는 것이 가장 걱정되었습니다.

저는 영어가 유창하지도 않고 영어에 관심이 크게 있지도 않았던 상태라 "내신 진도를 포기하고 갈 만큼 도움이 될까?", "여기 가도 달라지는 게 있을까?", "차라리 나보다 더 똑똑하거나 적극적인 애가 가는 게 좋지 않을까?"라는 고민이 있었습니다. 부모님을 비롯한 여러 친구에게 조언을 구했습니다. 제 주위에 있는 사람들은 그것마저도 경험이니 네가 가서 할 수 있을 만큼 최선을 다해보라는 조언을 받고 참가하기로 했습니다.

일단 제가 느꼈을 때 가장 눈에 띄게 바뀐 것은 두 가지가 있는데요. 첫 번째는 인생의 우선순위입니다. 전에는 '평균만 하면 되겠지'라는 생각으로 성적보다 인간관계에 초점을 두었다면 지금은 여러 언니, 오빠들도 만나 보고 제가 보던 세상이 많이 좁은 것을 깨달았고 더 넓은 시야로 보게 되는 계기가 되었습니다. 따라서 새로운 꿈과 삶에 목표가 생겼고 그 꿈을 이루기 위해 공부를 열심히 하고 있습니다. 앞으로는 세상을 넓고 크게 볼 수 있게 귀 기울이고 관심을 가지고 살아가고 싶습니다.

두 번째는 성격입니다. 저는 원래 낯을 많이 가리고 살가운 성격은 아니라고 생각했습니다. 아무리 주위에서 그렇지 않다고 해도 저는 여전히 사람들에게 쉽게 다가가지 못하는 제 성격이 답답하게 느껴졌습니다. 그래서 오래 보았던 사람이 아니면 조금 불편해 온전한 저를 많이 못 보여줄 때도 있습니다. 그래서 이번에 스웨덴에서는 또래도 아니고 언니, 오빠들이니 더 어렵게만 느껴졌는데, 사실 이 점은 스웨덴에 가기 전부터 걱정이었습니다. 무슨 말을 해야 할지도 고민되고 괜히 상대방이 불편하면 어떡하냐는 걱정 때문에 더 조심스러웠던 것 같습니다. 그런데 이번 이태석글로벌리더십스쿨에 참여하면서 그런 제 모습이 조금은 바뀌었습니다. 처음 만난 언니, 오빠들이 먼저 다가와 주기도 했고 분위기를 풀려고 재밌는 이야기도 해줬던 기억이 납니다. 그래서 저도 용기 내서 대화하려고 노력하다 보니 다들 배울 점이 많은 사람들이었습니다.

이번 기회에 많이 배웠고 함께 있는 시간이 즐거웠습니다. 날이 갈수록 한 사람, 한 사람이 다 좋은 사람인 것을 느꼈습니다. 특히 우크라이나 학생들과 소통할 때는 영어가 완벽하지 않아도 아이컨택과 손짓으로도 충분히 서로 이해할 수 있다는 걸 깨달았습니다. 점점 짧은 영어 한마디나 웃음으로도 틈틈이 대화를 해보았고, 언어가 안 통해도 가까워질 수 있다는 걸 경험하였습니다. 그동안 영어 때문에 나도 모르게 피했던 게 아닌지 부끄럽게 느껴지기도 했습니다. 무엇보다 언니, 오빠들이 우크라이나 학생들과 진심으로 소통하고 교감하는 모습을 보면서 단순히 언어로 대화하는 것뿐만 아니라 상대방의 마음을 이해하려는 태도가 얼마나 중요한지 알게 되었습니다. 그 덕분에 일주일이라는 짧은 기간에도 이렇게 관계가 깊어질 수 있다는 것을 느꼈습니다.

이 과정을 통해 함께하는 삶의 중요성을 깨달았고 제 안에서도 사교성이 늘었다는 걸 느끼고 있습니다. 앞으로는 걱정부터 하기보다는 먼저 다가가서 말을 걸고 더 많은 사람과 좋은 추억을 만들어가고 싶습니다. 이 밖에도 저도 제가 많이 달라졌다는 것을 몸소 느끼는데 이런 경험 하나하나가 개인과 사회를 모두 바꾸는 것 같아서 경험의 중요성을 깨달았습니다. 저 외에도 많은 청소년들이 직접 가서 활동하고 깨닫는 시간이 많이 주어졌으면 좋겠습니다.

가장 인상적인 강의와 강사님은? 이유는?

이번 스쿨에서는 여러 의원님과 직책이 높은 분들을 많이 만나봤는데요. 한국 국회도 못 가봤는데 스웨덴 국회까지 가보는 좋은 경험도 많이 했습니다. 그중에 저는 올레 의원님이 가장 기억에 남는 것 같습니다. 광주스쿨에서도 한번 강의를 들은 경험이 있는데 제가 "다시 뵙고 싶다"라는 생각이 남을 정도로 가장 인상 깊은 의원님이었습니다. 그런데 스웨덴에서 다시 보니 반가웠고, 의원님의 강의가 무척 기대되었어요. 의원님은 자신의 가정사와 특징을 말하시며 이야기를 시작했습니다.

어렸을 때부터 토론하고 이야기를 좋아했습니다. 부모님이 이혼하시고 일어난 일 등 자신의 이야기를 서슴없이 있는 그대로 말하시는 모습을 보았습니다. 이런 가정사를 덤덤하게 말할 수 있는 게 대단하다는 생각이 들었습니다. 정치에 발을 담그기 시작한 이유나 자신이 살면서 겪은 일들을 말해 주셨습니다. 물론 강의 내용도 인상 깊었지만 제가 가장 기억에 남는 것은 의원님의 미소인데요. 강의 내내, 마치 아빠같다는 생각이 들 정도로 친근하고 부드러운 인상이 기억에 남습니다. 의원님의 그런 모습을 보면서 '우리나라에서도 저런 분이 많아지면 좋겠다'라는 생각이 들었습니다.

한국에서는 보통 정치인이나 지도자들을 떠올리면 멀게만 느껴지고 권위적인 이미지가 먼저 떠오르는데요. 사실 사람들에게 더 필요한 건 거창한 말보다도 따뜻하게 다가와 주고 진심으로 관심을 보여주는 모습이라고 생각합니다. 만약 한국의 지도자들도 국민과 좀 더 가까이에서 소통하고 함께 어울리려는 태도를 보여준다면 정치가 딱딱하고 어려운 게 아니라 우리와 연결되어 있다는 걸 느낄 것 같습니다. 저는 여러 강의를 통해서 진짜 리더십은 힘이나 권위로 보여주는 게 아니라 상대를 존중하고 함께하려는 마음에서 나온다는 걸 깨달았습니다. 그래서 우리 사회도 조금씩 그런 방향으로 바뀌면 좋겠습니다.

이태석리더십에 대한 생각

저는 이태석 신부님을 초등학교 4학년 때 『Why』책으로 처음 알게 되었는데 엄마가 꼭 읽어보라고 하셔서 읽었던 기억이 납니다. 그때는 그냥 좋은 분이라고만 생각했지만 중학교 3학년 때 『울지마 톤즈』라는 책을 읽으면서 신부님의 삶을 더 깊이 이해하게 되었습니다. 남을 위해 봉사하는 삶이 결코 쉽지 않다는 것을 알면서도 도전하는 용기와 포기하지 않는 끈기가 대단하다고 느꼈습니다. 내 주변 사람들도 전부 사랑하기가 쉽지 않은데 어떻게 신부님은 수많은 사람들과 한센인들을 사랑으로 품을 수 있었을까 하는 생각이 들었습니다. 그런 신부님이 정말 존경스럽습니다.

특히 신부님이 생전에 〈사랑해 당신을〉이라는 노래를 부르는 영상을 본 적이 있는데 열악한 상황에서도 너무나 행복해 보이시는 표정이 아직도 기억에 남습니다. 그 모습은 진정한 리더십은 힘이나 권위에서 나오는 것이 아니라 사랑과 존중, 그리고 희생의 마음에서 나온다고 생각합니다. 편안한 삶을 내려놓고 수단 톤즈 사람들 곁에서 살아간 신부님의 선택은 리더십이란 결국 자신보다 다른 사람을 먼저 생각하는 용기라는 것을 알게 해주었습니다. 스쿨을 시작할 때만 해도 이태석 정신이란 말이 어렵고 복잡하게만 생각했습니다.

이런 잠깐의 교육참여로 '내가 이태석 정신을 이해할 수 있을까?' 하는 생각도 많이 했습니다. 방법을 몰라서 그땐 수용하기 어려웠지만 저에게 이태석 정신이란 나 자신보다 타인을 먼저 생각하여 작은 것에서도 사랑을 실천하는 마음이라고 생각합니다. 이태석 신부님은 알지만, 이태석재단이 있다는 사실이나, 리더십스쿨 같은 프로그램이 있다는 것은 제 주변 친구들은 잘 모릅니다. 홍보가 많이 되어서 이태석 신부님의 정신이나 이태석 리더십을 더 많은 청소년들이 많이 알게 되면 좋겠습니다. 신부님의 삶이 저뿐만 아니라 다른 사람들게도 좋은 영향을 미칠 거라고 생각합니다. 이번 기회를 통해 좋은 인연들과 앞으로의 방향성을 찾은 것 같아서 이태석글로벌리더십스쿨이 내 인생에 전환점이 됐다 해도 과언이 아닌 것 같습니다.

앞으로 사랑과 봉사를 어떻게 실천할 것인지, 그 계획은?

저는 신부님처럼 큰일을 할 수는 없겠지만 제 주변 친구들을 이해하고 도와주는 작은 실천부터가 지금 당장 제가 할 수 있는 일이라는 생각이 듭니다. 원래도 주변 사람들을 잘 챙기는 성격이라 앞으로도 작은 저의 도움이 필요한 친구가 있다면 먼저 나서는 사람이 되겠습니다. 그래서인지 이때까지는 사람들의 마음을 보듬고 회복을 돕는 심리에 관심이 많았고 '심리상담사'가 되는 것이 꿈이었습니다. 어릴 때부터 친구들의 고민을 잘 들어주고 공감해 주는 사람이라는 말을 자연스레 자주 들었습니다.

그러다 중학교 때 한 친구가 우울증을 저에게 말하고 갑작스럽게 자살 시도까지 했던 경험을 통해 심리상담사가 단순한 직업을 넘어 누군가의 편이 되어 든든한 버팀목이 되어주는 직업이라는 것을 깨닫게 되었습니다. 그래서 이 꿈을 중학교 때부터 가지고 있었는데 3기 광주 리더십스쿨을 거쳐 지금 이태석글로벌리더십스쿨까지 다녀온 후 현재는 심리 상담사도 좋지만, 간호사가 되고 싶다는 꿈을 가지게 되었습니다.

처음에는 신부님을 향한 존경심으로 시작했지만, 여러 강사님을 만난 후 "나도 저렇게 존경받는 어른이 되고 싶다"라는 생각이 계속 들어서 내 특기를 살려서 할 수 있는 직업이 뭘까 생각해 보았습니다. 결국 간호사가 제 적성에 맞는 것 같다는 생각이 들어서 앞으로 간호사가 되기 위해 노력하겠습니다. 그리고 제 꿈 말고도 봉사 동아리나 복지관 활동에 참여해 도움이 필요한 분들에게 직접 손을 내밀고 싶습니다.

현재 동아리에서 여러 봉사활동에 참여하여 직접 활동하고 있습니다. 이것 외에도 기말고사 끝나고 어르신 분들 봉사 동아리를 운영할 예정이라 이 동아리도 참여할 예정입니다. 제가 엄청난 봉사나 기부는 하지 못하더라도 제 선에서 할 수 있는 활동은 앞으로도 하고 싶습니다.

가장 감동적인 순간들이나 재미있었던 에피소드

이태석글로벌리더십스쿨에서 가장 감동적이었던 순간은 우크라이나에서 온 학생들을 만났을 때였습니다. 사실 저는 전쟁을 뉴스에서만 접했지만, 그 속에서 살아가는 청년들을 직접 보게 될 줄은 몰랐습니다. 우크라이나의 전쟁 상황은 뉴스로 가끔 보았지만, 그마저도 직접 겪진 않았으니 전쟁에 대해 상상할 수 없었습니다. 그래서 무슨 마음가짐으로 오는지 짐작할 수도 없었고 그들의 트라우마가 얼마나 큰지 몰랐습니다.

처음 보았을 땐 이들이 전쟁을 겪은 사람이 맞는지도 모를 정도로 다들 밝았고 항상 웃으며 맞이해 주었습니다. 그때까지는 가볍게 생각했었는데 구진성 대표님의 조언을 듣고 심각성을 깨닫게 되었습니다. 아르멘 우크라이나 지부장님의 강의 중 전쟁 상황에 관한 영상을 보고 힘들어하는 모습을 보았습니다. 이것뿐만 아니라 전쟁 트라우마 때문에 호숫가에서 고함을 지르며 우는 것을 보고 아무 말도 할 수 없었습니다. 솔직히 저는 평범하게 학교 다니면서 작은 일에도 쉽게 불평할 때가 있었습니다. 그 언니, 오빠들은 훨씬 힘든 상황에 있으면서도 늘 웃으려고 노력하는 모습이 정말 대단하다고 느꼈습니다.

특히 마지막 날 이렇게 다 같이 모여서 생각을 나누고 편하게 웃을 시간이 있다는 게 감사하다고 말했을 때는 가슴이 울렸습니다. 그때 저는 리더십이 단순히 앞에서 이끄는 능력이 아니라 어려운 상황 속에서도 서로에게 힘이 되고 희망을 나눌 수 있는 마음이라고 생각하게 되어 이 리더십스쿨의 의미를 다시 생각해 보았던 것 같습니다.

그리고 하루를 마치고 언니, 오빠들과 캐빈에 모여서 맛있는 걸 먹거나 이야기했는데 아직도 생각나고 그리울 만큼 행복했습니다.

한여름 밤의 꿈

장관영
경남고등학교 2학년

　우선 제가 이태석글로벌리더십스쿨에 신청한 이유부터 말씀드리겠습니다. 우선 다양한 경험을 하기 위한 이유가 가장 컸습니다. 그리고 이를 통한 제 미래를 고민해 보기 위해서입니다. 그리고 고등학교의 매일 반복되는 일상으로 다시 돌아오지 않을 십 대를 그저 보내기 아쉬운 마음에 하이데거의 말처럼 우리는 인생의 유한성을 깨닫고 획일화된 일상에서 벗어나 제 인생에 평생 기억될 추억을 만들고 싶었습니다. 그리고 저는 이번 이태석글로벌리더십스쿨을 참가하기 전부터 유학과 교환학생을 꿈꾸고 있었습니다. 장애물이라고 생각했던 새로운 언어와 환경 속에서 자신을 시험해보며 저의 장단점을 발견할 수 있을 것으로 생각했습니다. 처음이어서 설레기도 하고 두렵기도 하지만 자신을 시험해 보며 또 한 번 성장할 기회라 생각합니다.

그리하여 이번 참여가 제가 위와 같은 사항들을 고민할 때 도움이 될 것 같다는 생각이 들었습니다. 그리고 현재 급변하고 다양한 능력이 요구되는 사회에서 한국 고등학교에서만의 경험으로 경쟁력을 가질 수 없다고 생각하였습니다. 그리하여 저만의 특별한 경험과 지식을 가지고 싶어서 이번에 참가하게 되었습니다. 그리고 저는 평소에 다른 사람들의 말에 잘 휘둘린다는 생각이 들었습니다.

이번에 지원할 때도 제 주변 학교 친구들은 그렇게 말했습니다. "굳이 그렇게 많은 돈을 내고 간다고, 그리고 관광만 하러 가는 것도 아니라며 나 같으면 돈 아까울 거 같은데" 예전에 저였다면 이런 것에 흔들렸을 수도 있을 것 같습니다. 하지만 이번에 한국에서 진행하는 이태석글로벌리더십스쿨 5기에도 참여하고 반장과 같은 리더십이 필요한 역할을 처음 맡아보는 등 18살이 되고 나서 평소에 하지 않던 많은 도전을 했습니다.

그렇기에 저는 평소와 같이 남들과 사회에 그저 쓸려가지 않고 제가 생각하는 그대로 실천해 보고 싶었기에 이번 이태석글로벌리더십스쿨에 신청하였습니다. 그리고 그 도전에 결과는 아주 성공적이었던 것 같습니다. 그리고 평소 학교에서 진행하는 토론 시간에 적극적으로 참가하며 이태석 리더십 스쿨 5기에 참가해서 토론에 대해 평소 관심이 많았습니다.

그렇기에 아직 부족한 점도 많다고 생각하여 정치적으로 성공한 사람들이 알려주는 토론과 발표를 듣고 나와 다른 환경의 새로운 사람들과 토론을 해본다면 제 토론 능력을 크게 향상시킬 것이라는 생각이 들어 신청하였습니다. 그리고 저는 항상 '내가 외국을 나갈 수 있을까?'라는 의문이 있었습니다. 이유는 우선 언어도 있지만 가장 큰 이유는 새로운 곳에서 새로운 사람들과 같이 잘 지낼 수 있을까에 대해 많은 의문이 들었고 또 두려웠기 때문입니다.

또 저는 항상 '실수하면 어떡하지?' 그런 생각을 많이 했습니다. 그렇기에 이번 리더십스쿨을 신청할 때 많은 생각을 했습니다. 실패할 걸 두려워해서 시도하지 않는다면 잃는 것도 없지만 얻는 것도 없다고 생각하였습니다. 그리고 실패하더라도 지금은 언제든 다시 일어설 수 있는 시간과 힘이 있을 것 같다고 생각하여 저에게 큰 변화를 주고 새로운 것에 도전할 수 있는 첫걸음으로 이번 이태석글로벌리더십스쿨을 신청하게 되었습니다. 그리고 사람은 태어날 때부터 선하다는 맹자의 말을 믿고 제 안의 선한 본성을 끌어내고 싶었습니다.

7월 27일- 봄메르스빅으로 이동하기 전 우리는 우크라이나 친구들을 처음으로 만났다.

처음으로 본 스웨덴의 날씨는 따뜻하고 바람이 선선하게 부는 내가 생각하는 가장 이상적인 날씨였다. 그리고 높은 산이 없고 대부분이 평야여서 탁 트인 기분이 들어 평소 한국의 높은 건물들 때문에 답답했던 마음이 뚫리는 바람이 부는 것 같았다.

그리고 봄메르스빅에 도착하여 간단히 짐을 풀고 올레 토렐 의원님의 강연을 들었다. 내용은 대화를 통해 문제를 해결하는 것과 어린 시절 올레 의원이 남아공에서 느낀 인종차별에 대한 생각, 그리고 그 생각을 스웨덴에서 실천한 것과 미국에서 느낀 인종차별에 대해서 알려주셨다. 좋은 리더는 열린 마음, 관용, 자신에게 솔직하고 다양한 관점을 가지며 다른 사람에게 말할 때 간단하고 이해하기 쉽게 말하는 사람이라고 한다. 그리고 국가가 복지 정책을 시행하는 것이 국민에게 투자하는 것이라 생각한다고 말하셨다.

그렇게 저녁을 먹고 첫날 서로 친분을 쌓기 위해 수영을 하려고 여섯 명이 (찬하, 수아누나, 수연, 준영, 강민, 나) 영어로 발표를 준비해서 구진성 대표님을 설득하고 수영을 했다. 하늘에는 노을이 지고 다 같이 물에 들어가 노는 모습은 영화 〈노트북〉의 한 장면처럼 믿을 수 없을 만큼 아름다웠다. 그 후에 강민, 준영, 퀴릴로, 다리아, 보다나, 올레 아들과 사우나를 했는데 한국 사우나와 달라 생소했지만 새로운 경험을 주었다. 그리고 나는 먼저 씻기 위해 숙소로 돌아가는 길에 시계를 보니 9시가 되었다.

그런데 옆의 호수와 하늘은 아직 밝고 아름다웠으며 호수에 비친 하늘의 모습은 왜 유럽인들이 그림을 잘 그릴 수 있었는지 알려주었다. 그리고 수아 누나, 장유정, 찬하, 준영, 수연, 예림, 경원, 강민 이렇게 캐빈 (다인 숙소) 거실에 모여서 여러 이야기를 하며 서로에 대해 알아갔으며 왜 사람이 사회적 동물인 줄 알 수 있었다. 그리고 인생에서 처음 영어로 수업을 들었는데 아직 능숙하지 않아서 한국어로 강연을 들을 때보다 더 많은 집중력을 요구했다. 그리고 이날은 서로 친분을 위해서 임팩트 랩 (impact lab)을 진행하지 않고 서로 친해지기 위한 시간이 있었다. 평소에도 낯을 많이 가리는데 처음으로 그것도 해외에 와서 나와 언어와 문화가 다른 친구들과 대화하려니 긴장되기도 하고 영어로 대화하려고 하니 뇌에서 서너 번의 과정을 더 거쳐야 해서 말 한 마디 하는 데 엄청 힘들었다.

7월 28일

오늘은 5시 반에 일어나 산책하면서 전날 보지 못했던 다른 곳들을 둘러보고 호수를 다시 보았는데 아침에 본 호수는 또 다른 느낌을 주었다. 저녁에는 노을이 지면서 따뜻하고 포근한 느낌이었다면 아침에는 차갑고 더 광활한 느낌을 주었다. 그렇게 누구나 추억 속에 간직하고 만의 가장 아름다운 여름이 나에게 생긴 것 같다. 그리고 스톡홀름 의회에 가서 의회에 대해 울래의 설명을 들었다. 올레가 설명하기를 스웨덴은 의회에서 당별로 앉지 않고 지역별로 앉기 때문에 다른 당과 소통이 더 많아져서 문제 해결에 도움이 된다고 했다.

그전까지는 항상 같은 당끼리 앉는 것이 당연하다고 생각했었는데 이렇게 앉게 되면 우리나라와 같이 편 가르기가 심한 나라에 정말 도움이 될 것 같다. 그리고 의회에서 아이다 의원의 강연을 들었는데 그녀는 우리에게 어려움을 마주했을 때 극복하는 방법과 그녀가 어떻게 어린 시절부터 정치에 참여하였는지를 말해줬다. 아이다 의원의 강의를 들으면서 계속 생각한 것이 있는데 그것은 왜 우리나라 학생들은 정치를 진지하고 깊이 생각하지 않고 '어차피 바뀌지 않는다' 하고 생각하는 등 스웨덴과 다른 유럽 학생들보다 적극적이지 않은지 생각해 보았다. 강의를 다 듣고 느낀 결과 우리나라와 스웨덴의 환경 차이가 같다. 우리나라는 어린 시절부터 학교에서 정치 이야기를 하는 것을 매우 꺼린다. 그렇기에 학생들이 정치에 점점 무관심해지는 것 같다. 그에 반해 스웨덴은 청소년 때부터 SSU와 같은 어린 청년들이 많이 참여하고 의견을 나눌 기회가 제공돼서 더욱 학생들이 관심을 가지고 적극적으로 참여할 수 있는 것 같다. 그다음으로 노벨박물관을 갔는데 한강 작가님의 『채식주의자』, 그리고 다른 노벨상 수상자들의 여러 기증품이 전시되어 있었다. 노벨상이라는 엄청난 상에 비해 박물관은 매우 간소했다.

그리고 우리는 다시 봄메르스빅으로 가서 토론했다. 나는 영어 실력이 그리 좋지 않지만, 이곳에 신청하여 온 이유를 다시 생각하며 영어 팀에 도전하였으며 최선을 다했다. 다행히 우크라이나 친구들이 나의 영어 실력을 배려해줘서 잘 진행할 수 있었다. 그리고 임팩트 랩을 진행했는데 유리가 팀을 잘 이끌어 줘서 처음에 서로 어색한 상황을 잘 극복할 수 있었다. 모두 어색해하는 상황에 본인도 어색했을 텐데 팀을 잘 이끌어 준 그런 유리가 참 대단한 것 같다. 그리고 임팩트 랩을 하던 도중 잠시 생각하며 옆을 돌아봤는데, 내가 이때까지 봤던 노을 중 가장 아름다운 노을이 지고 있었다. 다 같이 그 노을을 보면서 사진을 찍었다. 항상 특별한 활동을 해야지만 특별한 추억이라고 생각하는 나였는데 이번 리더십스쿨을 통해서 그저 친구들과 같이 앉아만 있어도 특별한 추억이 되었다. 그리고 첫날부터 계속해서 일기를 썼는데 하루를 마치고 저녁에 썼기에 피곤해서 '오늘은 쓰지 말고 내일 아침에 쓸까?' 하는 생각이 들기도 했다. 하지만 한 번 미루면 계속 미루게 될 것 같기도 하고 오늘의 아름다운 기억을 온전히 기록하기 위해서 최대한 쓰려고 노력하였다. 그래서 소감문을 작성할 때 도움이 되었던 것 같다.

7월 29일

임팩트 랩을 발표하였으며 유리와 내가 발표했다. 영어로 발표해서 한국어로 할 때보다 더 떨렸는데 한국어로 한국에서 발표할 때보다 훨씬 의미 있었고 동시에 믿기지 않는 순간이었다. 그저 학교 수행평가 시간에 외워서 그저 그런 내용을 발표하는 것이 다였는데 지금은 다양한 사람들 앞에서 진짜 내 생각을 영어로 발표하는 것이 믿기지 않았다. 그러고 나서 SSU가 주관하는 워크숍을 진행했는데 사회를 살아가는 데 필요한 여러 기술에 대해 알려주었다. 그에 대한 자기 생각을 방법별로 큰 종이에 생각을 영어로 적었다. 다 같은 강의에서 같은 내용을 들었는데도 사람들의 생각은 전부 다 달랐다. 그리고 피시 볼(fish bowl) 게임을 했는데 이 게임은 여러 명의 패널이 사회자와 함께 앞에 나가서 질문하고 답하는 간단한 게임이다. 그리고 한 번 말한 사람은 패널이든 사회자든 언제든지 교체가 가능하다.

그렇기에 많은 친구가 참여할 수 있었고 나 또한 영어를 잘하진 않았지만, 앞에 나가 참여할 수 있었다. 완벽한 문장을 구사

한 것은 아니지만 영어에 대한 자신감을 키울 수 있었다. 그리고 나서 봄메르스빅 첫날에 보지 못했던 여러 역사적인 장소를 둘러보고 이 장소에 대한 역사를 들었다. 아주 오랜 기간 정치계에 집권한 사람이 살고 일했던 곳이라기에는 매우 소박한 느낌이었다. 그리고 나서 또 임팩트 랩을 진행했다. 오늘은 어제의 내용을 조금 다듬고 서로 더 가까워지는 시간을 가졌다. 이렇게 서로 더 가까워지니 헤어지는 마지막 날이 더 아쉬워질 것 같아 걱정되기 시작했다.

오늘은 각자 라면을 세 개씩을 받아서 우크라이나 친구들도 처음으로 우리와 같이 라면을 먹어보고 한국 친구들과도 다 같이 먹었다. 라면 물을 끓이기 위해서 커피포트 하나 찾는다고 1시간 정도를 소비한 것 같아 인생에서 가장 조리 시간이 긴 라면을 먹었다. 평소 한국에서 그랬다면 조금 짜증 날 수도 있던 상황이었지만 여기서는 그것마저 즐거웠다. 그리고 우리는 호텔 앞 야외 테이블에서 먹으면서 각 팀의 임팩트 랩 진행 현황과 평소 일상에 대해 여러 이야기를 나누었다. 그러다가 강민이는 혼자 졸린다며 준영이 방에 들어가 침대에서 잠들었는데 나중에는 바닥으로 밀려났다 한다.

7월 30일

오늘은 덴마크 자유학교 교장님이 오셔서 하는 강연을 듣고 그분이 알려주신 토론과 자유학교의 철학을 활용하여 여러 이야기를 나누었다. 돌아가면서 자기의 의견을 영어로 말하고 많은 사람들의 의견을 들어서 또 한 번 세상을 보는 관점을 넓힐 수 있었던 것 같다. 그리고 질문 중에 덴마크 자유학교처럼 시험과 성적이 없는 학교가 있으면 어떻겠냐는 질문이 있었다. 대부분의 우리나라 학생들과 같이 나도 있으면 좋겠다고 생각했다. 그 이유는 그렇게 되면 학생들이 평소에 학업으로 인한 스트레스를 줄일 수 있고, 더 다양한 경험을 많이 하면서 자신의 진로를 더 확실하게 찾을 수 있고, 다양한 분야의 역량을 넓힐 수 있을 것 같아서 그렇게 생각했다.

그리고 나서 우크라이나인은 아니지만 전쟁 상황에 많은 우크라이나인들을 도와줘 유명해진 아르멘(Armen)의 강연을 들었다. 우크라이나의 피해를 아주 생생히 알려주었고 PTSD 때문에 힘들어하는 우크라이나 친구들도 있었다. 그 친구들이 우리와 잘 웃으면서 지내서 잠시 잊고 있었던 우크라이나의 상황을 다시 떠올리게 되었다. 그리고 우리는 단합을 위해서 저녁식사 후에 다 같이 축구도 했다. 사우나 앞 테라스에서 우크라이나 친구들과 다 같이 이야기도 하고 노래 틀어놓고 춤도 추면서 친구들도 친해지게 되는 계기가 되었다. 정말 내가 외국을 나가서 다른 나라 친구를 사귀게 될 줄은 상상도 못 했는데 정말 믿기지 않는 시간의 연속이다.

7월 31일

오늘은 아침에 임팩트 랩 조금 하고 Kenneth G. Forslund 국회부의장의 강의를 들었는데 영어가 조금 어려워서 챗GPT 의 도움을 받아 이해할 수 있었다. 그래서 또 내가 조금만 더 공부했다면 하는 생각이 들어 동기부여를 얻을 수 있었다. 내용은 그 사람이 어떻게 이렇게 오랜 시간 동안 많은 사람들의 신뢰를 얻을 수 있었는지에 관해서 이야기해 주었다.

그리고 이태석재단과 노르딕우크라이나포럼(NUF) 간의 양해각서(MOU) 행사를 하고 점심을 먹고 NUF에서 NGO가 무엇인지 NUF가 우크라이나를 어떻게 지원하는지에 대해 알려주었다. 그리고 나서 최종적으로 내일 있을 임팩트 랩 발표를 준비했다. 이전에 진행한 질문과 구교산 지부장님의 조언 덕분에 조금 더 수월하게 단점을 보완했던 것 같다. 그리고 임팩트 랩이 거의 끝난 팀끼리 사우나 앞 테라스에서 모여 서로 이야기하면서 노을을 보는데 이런 분위기와 상황, 대화들, 사람들 때문에 한국으로 돌아가서 일상으로 돌아가는 것이 더욱 두려워지기 시작했다. 하지만 그냥 현재를 최대로 즐기자는 마음으로 친구들과 학교에서 힘든 점, 나중에 하고 싶은 것들, 평소 고민 등에 대해 말했다. 내가 다시 일상으로 돌아가는 게 두렵다고 했을 때 유리가 너무 앞의 좋지 않은 일만 생각하면서 현재를 못 즐기면 이 시간이 너무 아까워진다는 말 덕분에 부정적인 생각에서 나올 수 있었다. 그리고 나서 라면을 먹고 당구장과 여러 가지가 있는 건물로 가서 또 다른 추억을 쌓았다.

이번 한 주가 내 인생 최고의 여름일 것 같다고 감히 생각해 본다.

8월 1일

오늘은 의회에 가서 우리나라 외교관에게 강연을 들었으며 스톡홀름 부시장과 올레 의원을 봤는데 부시장은 그냥 티셔츠에 편한 바지를 입고 있어서 친구들과 우리나라에는 왜 저런 정치인이 없느냐고 말했다. 그리고 봄메르스빅으로 돌아가서 이번 리더십스쿨 강의 중 가장 인상 깊었던 Amanda Lindblad 최연소 여성시장의 강연을 들었다. 이번 리더십스쿨 강연 중 가장 우리의 눈높이에 맞게 설명해 주신 것 같다. 특히 나에게 공격하는 사람이나 나이 많은 사람들을 상대하는 방법을 알려주셨다. 앞으로 학교나 사회에서 많은 도움이 될 것 같았다. 처음으로 질문도 했는데 질문은 내가 발표할 때 조금 더 자신감을 가지고 잘할 수 있는 마음 자세가 무엇인지 물어봤다. 그녀의 답은 의외로 간단했는데 바로 남들이 다 내 발표를 듣고 있다고 생각하지 않으면 조금 편해질 것이라 했다.

그리고 나서 최종 임팩트 랩을 통해 발표와 우리 아이디어를 구체화했고 우리 조는 발표가 순조롭게 진행되었으며 나는 만족한다. 그리고 가장 많은 투표를 받은 두 팀을 발표하였는데 1등이 빅토리아, 은별, 강민 조였고 2등이 준영, 서영, 소담, 보다나 조였다. 퀴릴로는 많이 아쉬워하는 것처럼 보였다. 그리고 저녁을 먹고 우크라이나 친구들과 다음 날 아침에 제대로 된 작별 인사를 하지 못할까 봐 다 같이 작별 인사를 했다. 정말 많은 사진을 찍었고 또 우크라이나 친구 중에 우는 친구들도 몇 명 있었다. 정말 이제 곧 떠나서 다시 일상으로 돌아가야 한다는 것이 실감

났다. 그리고 비록 투표에서 1등을 차지하지 못했지만, 5일간의 노력을 통해 발전을 이루어내서 만족한다.

8월 2일

새벽에 오늘은 스웨덴에서의 마지막이니까 마지막을 다 같이 즐기자고 다들 말했다. 그런데 우크라이나 친구들과 작별 인사를 하고 각자 숙소를 정리한 뒤 준영이와 강민이는 자기들이 놀자고 말해놓고 갑자기 1시간만 자고 온다 말하고 아침까지 그냥 쭉 자버렸다. 그리고 다른 사람들과 조금 수다 떨다가 나와 찬하 둘이서 포켓볼 치고 노래 들으면서 스웨덴의 마지막 밤을 낭만으로 가득 채우기 위해 노력했다. 둘이서도 좋은 추억을 쌓을 수 있었지만, 다른 사람들도 같이 있었다면 어땠을까? 하는 생각이 들었지만 그렇게 우리의 일주일은 끝났다. 나는 이곳에서 강연을 해주신 분들에게도 많은 것을 배웠다. 하지만 같이 스웨덴 스쿨을 참여한 친구들에게 더 많은 것을 배운 것 같다. 나도 그저 학교생활만 반복하는 것보다 더 많은 것을 해보고 싶다는 마음과 할 수 있다는 생각이 들었다. 그래서 친구들한테 고마운 점이 너무나 많아서 이 글에 다 써내지 못할 것 같다.

결론

이렇게 많은 것들을 마음속으로 생각만 하면 결국 잊힐 것이다. 그렇기에 이것들을 잊지 않고 스웨덴에서 배운 사랑과 봉사를 실천하기 위해 우선 후속 임팩트 랩에 최대한 참여할 수 있도록 시간을 마련할 것이다. 경남고등학교의 이태석 추모 기간 행사 때 이번 이태석글로벌리더십스쿨과 한국에서 진행하는 이태석글로벌리더십스쿨에 대해 다른 친구들에게 설명했다. 경남고등학교의 다른 학생들도 저와 같이 이태석 신부님의 사랑과 봉사에 대해 알고 실천할 수 있게 도움을 주도록 노력할 것이다. 그리고 나서 이번 이태석글로벌리더십스쿨을 진행하면서 생각했던 주변 사람을 좋은 길로 인도하는 리더가 되기 위해 항상 주변 친구들을 살핀다. 우선 학교에서 다른 친구들을 도울 수 있는 역할을 맡아서 모두 서로를 이해하고 한 번 더 생각해 보는 사회를 만들고 싶다. 그래서 임팩트 랩을 진행하면서 연습한 발표나 팀원과의 의견 교환, 프로젝트의 기본적인 진행 순서 등을 활용하여 학교나 다른 활동에 이태석 신부님의 정신을 녹여내는 것을 목표로 하고 있다.

이번 기회를 통해 이태석 리더십에 대해 다시 한 번 생각해 보는 시간이 되었다. 그렇게 생각한 이유는 우리가 이태석 신부님처럼 다른 나라에 가서 서로 언어와 문화가 다른 사람끼리 교류하고 서로 도움을 주고받으며 많은 발전을 이루어냈기 때문이다. 이번 스웨덴리더십스쿨을 하면서 매일 들었던 생각이 있다. 그 생각은 '나도 할 수 있구나' 였다. 그런 생각이 든 것은 저는 처음에 이태석글로벌리더십스쿨을 신청하기 전에 한국에서 진행하는 이태석글로벌리더십스쿨을 수료했을 때였다. 그곳에서 조교 분들과 다른 친구들의 발표와 질문을 들으면서 나도 저렇게 할 수 있을까? 하는 걱정이 많이 되었다.

하지만 계속해서 시도해 보고 노력하니 점점 수월해지기 시작했다. 하지만 아직도 긴장되고 걱정되는 것은 그대로였다. 그러고 나서 이태석글로벌리더십스쿨을 신청하는데 모집 인원이 총 20명이라는 것에서 과연 내가 전국에서 신청하는 다른 아이들을 이기고 선정이 될 수 있을까? 하는 의문이 많이 들었다. 특히 저는 아직 명확한 진로를 정하지도 않았고 그렇다고 해서 여러 다양한 활동을 경험해본 것도 아니다. 그래서 나 자신이 경쟁력이 있는지에 대해 많은 의문이 들었다.

그리고 영어 면접 이후 영어로 말할 때 한국어를 영어로 전환하는 것과 또 사전 세미나를 진행하면서 여러 주제에 대해 탐구해 보면서 제 부족한 점을 확실히 알게 되었다. 그 이후부터 영화를 볼 때 힘들더라도 자막 없이 내용을 이해하려고 하며 영어 실력을 늘리기 위해 노력하였다. 그리고 처음 우크라이나 학생들이 저희와 같이 활동한다고 하였을 때 수업만 같이 진행하는 줄 알았는데 같이 생활한다고 해서 두려움이 앞섰다. 하지만 막상 가서 대화한 후에 든 생각은 영어가 두려워서 이 프로그램에 참여하지 않았더라면 나는 평생 한국에 살면서 영어로 말도 못하고 죽었을 것 같다는 생각이 들었다. 그만큼 이번 활동으로 저는 발전한 부분이 정말 많은 것 같다. 특히 이 세상을 보는 시야가 넓어진 것이 확실히 체감되었다. 그 이유는 앞서 말한 것처럼 나도 할 수 있다는 것과 우크라이나 친구들과 대화해 보고 해외에서 짧지만, 이때까지 제 인생에서 아주 길게 머물러 보면서 혼자 떨어져도 죽지 않겠다는 것을 느꼈다. 평소에 그저 '독일어같이 영어 말고 다른 언어도 도전해 보고 싶다' 라는 생각만 하고 있었지 실천은 못 하고 있었다. 하지만 이번 리더십스쿨을 다녀 온 뒤에 자신감을 얻고 똑같이 꿈만 꾸던 유학과 교환학생에 대해서도 더 진지하게 고민해 보며 준비하고 도전할 수 있는 용기를 주었다.

  그리고 어떤 활동을 하더라도 조금 더 넓은 시야를 가지고 문제를 해결할 수 있게 되었다. 이러한 것들로 인해서 다른 사람들을 이해하는 것도 조금 더 수월해진 것 같다. 그리고 한국에서 진행한 이태석글로벌리더십스쿨을 같이 다닌 친구가 이번 리더십스쿨은 신청하지 않아서 다 모르는 사람들과 어떻게 같이 지내지 하는 걱정이 많이 들었다. 하지만 오히려 평소에 아는 친구 없이 혼자 활동에 참여한 것이 더 다양한 사람들과 친해지고 대화할 기회를 줬다고 생각한다. 이렇게 저는 이번 활동으로 평소에 생각지도 못한 부분에서 성장을 이루어내고 평소에 생활과 태도에 대해 돌아보며 앞으로 어떻게 살아갈지에 대해 고민하며 미래를 구체화하기에 아주 좋은 경험이었다고 생각한다. 정말 평생 잊을 수 없는 인생에서 가장 아름답고 새로우며 따뜻하고 시원하고 감동적이며 낭만적이고 사랑스럽고 슬프며 밝고 가장 길고 두렵고 설레고 부드러운 찬란한 여름이었다고 말할 수 있다.

  이렇게 제 이태석글로벌리더십스쿨에 대한 이야기를 마치도록 하겠습니다.

이태석글로벌리더십스쿨 그리고 나

장유정
함열여자고등학교 3학년

이태석글로벌리더십스쿨을 참가하기 전 이태석글로벌리더십스쿨 3기를 통해 리더십이 무엇이며, 리더십을 어떤 마음가짐으로 내 것으로 만들어야 하는지 배웠던 저는 일상을 보내던 중 이태석글로벌리더십스쿨 공고문을 보게 되었습니다. 처음에는 설레는 감정이었습니다. 쉽게 만날 수 없는 많은 강사님들과 한국이 아닌 다른 나라에서, 특히 우크라이나와 스웨덴 사람들의 생각을 접할 수 있다는 설렘이었습니다. 하지만 저는 무서웠습니다. 영어를 잘하지 못하기 때문입니다.

또한 먼 나라에서 모르는 학생들을 만나 소통할 수 있을지, 다른 이들에게 불편을 끼치면 어떡할지, 내가 리더가 될 수 있을까? 등등 두려움이 밀려왔습니다. 하지만, '잘 못 해도 괜찮아, 느려도 괜찮아, 리더가 된다는 생각보다 서로 다른 배경과 경험을 가진 사람들과 경험들을 공유해보고 리더의 모습을 배워오면 돼!'라고 생각하며 이태석글로벌리더십스쿨에 지원했습니다. 이제 와서 생각해 보면 꽤 가벼운 마음으로 시작했던 것 같습니다. 스웨덴으로 가기 한 달 전부터 지원 학생 모두는 사전에 기초 학습을 해야 했습니다. 이태석리더십아카데미 구진성 대표님께서 총 8차에 걸쳐 진행하신 세미나는 인문, 역사뿐만 아니라 현재 벌어지고 있는 국제 이슈 등을 다뤘지만, 시간은 부족했고, 내용 또한 우리에겐 생소하고 어려웠습니다. 모두들 따라가려고 노력했지만, 너무나도 아는 것이 없다는 것을 깨닫게 되었습니다.

깨달음 중 하나는 공감하고 느끼는 자세였습니다. 우크라이나는 현재 큰 아픔을 겪고 있고 저와 함께했던 학생들은 그 속에서 나온 이들입니다. 그들의 아픔이 있음을 인지한 상태인데도 힘들겠다는 가벼운 마음으로 시작한 것이 너무나 부끄럽고 후회가 되었습니다. 지금은 더욱더 잘 이해하고 어떤 식으로 그들을 대하며 존중하고 이해해야 하는지를 배웠습니다. 하지만 좀 더 신중했으면 어땠을까 하는 마음이 아직도 남아 있어 너무 아쉬웠습니다.

스웨덴에서 들었던 강의의 주제들은 제가 평소에는 큰 관심을 가지고 있지 않았던 정치나 전쟁의 정당성, 전쟁이 만들어낸 참상, 그 사이에서 노력하는 사람들, 더 나은 나라를 만들고 서로의 의견을 수용하는 방법 등이었습니다. 많은 강의 중에서 가장 기억에 남고 제 가슴을 떨리게 했던 강사님은 Amanda Lindblad Sala시장님이셨습니다. 자기 자신을 믿어라, 어떤 아이디어든 해보기 전에 포기하지 말라, 혼자서 자신의 불안과 스트레스를 안고 있지 말라, 누군가에게 말하는 것만으로 그 일은 훨씬 쉬워질 것이다, 비판을 받아들이는 것을 배워라, 받을 비판과 받지 않을 비판을 판단하는 것도 중요하다. 감정적으로 준비되지 않았을 때는 시간을 가지는 것 또한 괜찮은 일이다. 간단한 말이라고 생각될 수도 있을 이런 말들이 저에게 가장 공감되었습니다. 딱 저한테 하는 말 같았거든요. 항상 안 될 것 같아 내가 할 수 있을까, 누군가가 나를 싫어할까, 내 행동을 욕할까 무섭다는 생각을 달고 살고 있던 저에게는 참 많은 생각을 하게 해주는 강의였습니다.

과정 참여 중에 여러 일이 있었습니다. 그 짧은 사이에 너무 많은 것이 진행되었기에 꽤 시간이 흐른 지금까지도 까먹지 않고 머릿속에 남아 있습니다.

강의 가운데 또 기억나는 것은 최연소 의원인 아이다 의원의 강의입니다. 제게 너무 큰 위로와 도움이 된 강의였기 때문입니다. 강사님이기도 하지만 한 사람으로 자기 일을 뚝심 있고 당당하게 진행하며 어려움을 극복하는 모습 등이 다른 강사님에게도 보이는 공통적인 부분이었습니다. 하지만 이 강사님은 여성으로서, 의원으로서, 또 사람으로서 마음을 느낄 수 있었던 분이었습니다. 한국은 아시다시피 여성 의원의 수가 많지 않습니다. 거의 남성이지요. 현재는 스웨덴의 여성의원이 많지만, 과거에는 스웨덴 또한 저희와 같이 여성 의원의 수가 적었다고 합니다. 여성 할당제가 만들어진 후에 더 많이 생겨난 것이지요. 여성의원 수가 많이 늘었다고 하지만 자신보다 나이도 많고 경험도 많은 이들 사이에서 목소리를 낸다는 것은 쉽지 않습니다. 저는 반 아이들 앞에서 발표하는 것조차 떨면서 하니 더 대단하게 느껴졌습니다. 또한 의원(정치인)은 딱딱하고 기분 나쁘다는 편견을 깨준 분이시기도 했고요.(스웨덴에서 만난 많은 정치인 분이 같은 감정을 느끼게 해주셨습니다.)

이렇게 감상문을 쓰다 보니 이태석글로벌리더십스쿨을 다녀온 뒤 가장 많이 변한 것이 생각하는 마음인 것 같습니다. 편견은 사람이 가지고 있지 않다고 생각하더라도 자신도 모르게 튀어나올 때가 있습니다. 편견뿐만이 아니라 감정이나 행동에도 자신이 묻어나죠. 제가 말하는 마음은 생각이기도 합니다. 누군가를 돕는다는 것은 마음으로 또는 생각으로 하는 경우가 많습니다. 그냥 좋은 거니까 해야지 하는 생각으로 진행했던 것이 헌신으로 보일 수도 있습니다. 나는 이 사람을 돕고 싶어 하는 생각이 행동으로 나타날 때도 있습니다. 저는 생각과 마음, 이 두 가지가 합쳐지면 큰 시너지가 일어난다는 것을 몸소 체험했습니다. 뭔가를 하고 싶다, 누군가를 돕고 싶다고 하는 생각보단 드러나는 행동을, 또 마음만으로 행하는 것보단 먼저 할 일을 생각하는 것을 할 수 있게 되었습니다.

마음이 앞서고 때로는 행동이 때로는 안일한 생각이 뒤를 붙잡겠지만 이것들이 균형을 이룬다면 수많은 것들을 할 수 있구나! 하는 마음을요. 지금 저는 그 과정 참여 이후 이어지는 임팩트 랩 프로젝트에 참여하고 있습니다. 소감문에 이 사실을 쓰는 이유는 제가 달라진 점 중 하나이기 때문입니다. 끝까지 처음과 같은 마음으로 처음보다 더 나은 행동으로 나아가자는 마음을 쌓게 해주었습니다. 그리고 자신과 의견이 다르더라도 속해 있는 곳이 다르더라도 포용할 수 있는 자세를 배웠습니다.

이를 알려주신 건 올레 토렐 의원님이셨습니다. 어디서든 볼 수 있는 아저씨 같은 푸근한 인상을 가진 분이지만 누구보다 노력하고 의견을 적극적으로 수용한다는 생각이 든 분이셨습니다. 현 스웨덴 의회 부의장님을 추천해 주신 분이 올레 토렐 의원님이라고 하셨을 때는 '와, 말도 안 돼' 라는 감정이 들었습니다. 한국에서는 자신보다 나은 사람을 추천한다는 것은 말도 안 되는 일이라고 생각했기 때문이었습니다. 그런 생각을 해본 적도 없기도 하고요. 다른 이의 의견을 듣는 것, 그리고 다른 의견을 가지고 있더라도 그가 존경받을 만한 사람이라면 이런 식으로도 할 수 있구나, 또 이렇게 되어야 하겠다는 것을 깨닫게 해주셨습니다.

마지막으로 배운 수많은 것 중에서 깊이 생각하게 된 건 마음가짐입니다. 봉사란 무엇이고 봉사란 어떤 마음을 가져야 하는가? 이 해답은 아직 모르겠습니다. 강의 중 이와 관련한 이야기가 있었지만, 이것만큼은 제 혼자서 생각해 보고 다시 정립해야 하는 문제라고 느껴졌습니다. 이 세상에는 수많은 형태의 리더십이 있습니다. 이태석 신부님의 리더십은 서번트 리더십으로 포용의 정신이라고 생각합니다. 이 정신을 이어보기 위해서는 제 속의 리더십의 형태를 잡아야 한다는 것을 이번 스쿨을 통해 크게 느꼈습니다. 이태석리더십은 리더십이라는 카테고리뿐만이 아니라 종교에 대한 헌신으로도 생각됩니다. 모든 이를 생각하고 자신이 힘들더라도 다른 이를 위해 기도하며 전진하는 모습은 이태석리더십의 큰 장점이라고 생각합니다. 종교 또한 마음입니다. 이 마음에서 파생된 것이 리더십이며 그것을 따라가고 수용하는 것 또한 리더십입니다. 이태석글로벌리더십스쿨은 항상 마음에 담고 전진해야 하는, 또 할 수 있는 이들이 모여 만들어진 곳입니다.

사랑, 마음 이런 것들은 추상적으로 보일지 모르지만, 그런 추상적인 것들이 모든 것의 시작입니다. 우리는 이를 명백히 밝히고 나아가야 합니다. 봉사란 자신의 마음을 보여주는 일이라고 생각합니다. 자신의 마음을 열지 않으면 그 무엇도 시작되지 않습니다. 작은 것이라도 그것이 쌓이면 큰 파도가 됩니다. 이 세상에는 많은 사람이 있고 이를 배울 기회를 얻게 된 것이 자랑스럽습니다. 비록 많이 부족했고, 앞으로도 수많은 실수를 하며 살아가게 되겠지만 이태석글로벌리더십스쿨을 통해 배울 수많은 경험은 앞으로 어떤 일을 해도 자신을 잃지 않고 나아가게 만들어주는 버팀목이 되리라 저는 생각하고 있습니다.

끝마침으로 가장 생각나는 순간을 생각하면 서로의 마음이 하나가 되었던 사우나에서의 댄스파티가 생각납니다. 우크라이나의 노래와 한국 노래를 틀고 서로의 감정은 있는 그대로 표현하며 웃고 떠들고 놀았던 그 순간이 평생을 추억할 소중한 기억으로 만들어 주었습니다. 이는 음악의 힘도 알려주었습니다. 언어도 환경도 배경도 전부 달라도 서로 마음을 공유하며 웃을 수 있게 해주는 힘 저는 이런 음악같이 앞으로 봉사하고 싶습니다.

이번 이태석글로벌리더십스쿨을 다녀오고 느낀 봉사의 한 부분에서는 주변이라는 키워드가 가장 중요하다는 것을 알았습니다. 현재 제 바로 옆에는 열악한 환경에서 거주하며 씻는 것조차 힘든 이들이 있습니다. 주변을 보지도 못했는데 세상을 보게 되니 주변을 다시 생각하게 되었습니다. 그렇기에 봉사의 시작은 주변 적십자회나 봉사 활동단으로 돌려 봉사를 하면서 지금 진행되는 프로젝트 참여를 통해 먼 곳의 이들 또한 돕고 싶다는 것이 현재 제 봉사의 출발점이었습니다. 모르는 것도 많고 때론 두렵겠지만 모두가 웃을 수 있는 날들을 기대하며 만들어 나갈 것을 맹세하며 글을 마칩니다.

이태석글로벌리더십스쿨을
다녀오고 나서

정은율
영일고등학교 1학년

스웨덴에서 열린 이태석글로벌리더십스쿨에 참가하기 전, 사실 나는 마음이 많이 복잡했다. 신청서를 낼 때부터 영어를 잘하지 못한다는 두려움이 컸고, '내가 과연 가도 될까?' 하는 생각이 계속 머릿속을 맴돌았다. 괜히 낯선 곳에서 힘들어지고, 오히려 다른 사람들에게 민폐가 되면 어쩌나 걱정도 많았다. 그래서 차라리 가지 말까 망설인 순간도 있었다. 그래도 용기를 내어 참가하기로 했다.

인천에서 스웨덴으로 향하는 비행기에 오르면서, 설렘과 긴장이 동시에 밀려왔다. 새로운 나라, 새로운 문화, 그리고 처음 만나는 사람들과 함께해야 한다는 사실은 나를 들뜨게도 했지만, 한편으론 두렵게도 했다. 처음에는 모든 것이 어색했다. 수업 시간에는 뒤에서 조용히 앉아 있었고, 쉬는 시간에도 혼자 있는 경우가 많았다. 친구들은 이미 서로 편하게 웃고 떠들었지만, 나는 그 속에서 혼자인 것 같았다.

게다가 영어가 잘 들리지 않아서 수업 내용이 이해되지 않을 때도 많았다. 집중이 흐트러져서 졸음이 올 때도 있었고, 그럴 때마다 '내가 왜 왔을까?' 후회가 되기도 했다. 하지만 포기하지 않고, 강의 내용을 녹음해 다시 들어보기도 하고, 영어를 잘하는 형·누나들에게 물어보기도 했다. 덕분에 조금씩 이해할 수 있었고, 점점 더 적극적으로 참여할 수 있었다. 그렇지만 이번 경험을 통해 한순간에 영어가 들리지 않는다는 걸 뼈저리게 느꼈다. 그래서 지금은 한국에 돌아와 영어와 친해지려고 조금씩 공부를 이어가고 있다.

물놀이 시간에는 잊지 못할 경험도 있었다. 깊은 곳까지 수영하다가 갑자기 다리에 쥐가 나서 힘이 빠지고, 물속으로 가라앉는 것 같은 느낌이 들었다. 손을 흔들며 허우적대는 나를 본 형·누나들과 선생님들이 바로 달려와 나를 살려 주셨다. 그 순간은 무섭기도 했지만, 동시에 누군가가 곁에 있다는 것이 얼마나 큰 힘이 되는지 알게 되었다. 만약 그때 형·누나들과 선생님들이 계시지 않았다면, 나는 이렇게 무사히 돌아올 수 없었을 것이다. 이 자리를 빌려 다시 한 번 진심으로 감사하고, 고맙다는 말을 꼭 전하고 싶다.

리더십스쿨의 일정 중에는 스웨덴 국회의사당을 방문한 시간도 있었다. 국회의원실에 들어갔을 때, 너무 좁고 단출해서 순간 '이게 진짜 국회의원실이 맞아? 일부러 꾸며놓은 거 아니야?' 하는 생각이 들 정도였다. 하지만 그 모습 속에서 화려함보다는 '국민을 위해 일한다'라는 진짜 의미를 배웠다.

그리고 이번 여정 내내 마음속에 떠오른 사람은 바로 이태석 신부님이었다. 자신보다 이웃을 먼저 생각하며, 남수단 톤즈에서 사람들에게 사랑과 희망을 나누던 그분의 삶. 나도 이번 경험을 통해 조금은 용기를 내어 두려움을 이겨냈고, 함께하는 사람들과의 관계 속에서 성장할 수 있었다. '진짜 리더십은 누군가를 앞에서 끌고 가는 것이 아니라, 옆에서 함께 걸어 주는 것이다'라는 걸 배운 시간이었다.

한국으로 돌아오는 비행기 안에서 나는 다짐했다. "앞으로 하루하루를 더 성실하게 살고, 영어도 열심히 공부해서 더 넓은 세상과 당당히 소통해야겠다." 이번 이태석글로벌리더십스쿨 경험은 나에게 두려움을 넘어 도전하고, 사람과 사람 사이에서 배우는 것이 얼마나 소중한지 알게 해준 값진 시간이었다.

이태석글로벌리더십스쿨 소감문

조은별
이화여자대학교 1학년

1. 이태석글로벌리더십스쿨 (이하 GLS) 참가 전과 후 달라진 점

　글로벌리더십스쿨로 저는 많이 성장하고, 변화하였습니다. 첫 번째로는 사람 간 연결의 힘을 체감하여 크고 넓은 관점으로 생각하게 되었다는 점입니다. 연결과 네트워크의 힘을 체감했다는 것은 GLS에서 만난 사람들 덕분입니다. 한국에서 몇 번 뵌 Olle 의원님을 다시 뵙고, 함께 웃고, 편지를 전달해 드리며 이제는 의원님께서 저를 알아보실 만큼의 관계가 되었습니다.
　한국에서 잠깐이지만 많은 대화를 나누었던 Maria와는 깊은 대화를 나누고 SNS 메시지로도 연락하며 친한 언니 동생처럼 관계를 이어 나가고 있습니다.

또 많은 강사진 분이 본인의 SNS계정에 저희와 관련된 게시물을 업로드 하셨습니다. 새로 만난 우크라이나 친구들과도 피상적인 파트너가 아니라 깊은 교감을 하는 친구로 관계를 맺었고, 현재까지도 이어오고 있습니다. 이러한 연결고리들은 제게 매우 큰 힘을 불어넣어 줍니다. 이제 저는 우크라이나에 대해 직접 이야기를 들을 수 있는 사람이 생겼고, 스웨덴에 가면 만날 수 있는 사람이 생겼습니다. 그리고 그들과 함께 협업하며 배워나가는 과정에서 우리 지역, 국내에만 머무르는 것이 아니라 세계적인 범위로 영향력을 펼칠 가능성을 보았습니다.

사람은 더러 꼭 자신의 현재만큼만 미래를 꿈꿀 때가 있습니다. 국내에서만 학교생활을 하고 다른 문화권의 사람들과 교류를 한 경험이 없다면, 세계적으로 활동하고 싶다는 의지를 가지거나 구체적으로 무엇을 세계적으로 하고 싶은지에 대한 고민을 하기 어렵습니다. 이번 GLS에서 저와 다른 환경과 문화에서 살아온 많은 사람과의 연결고리가 생기며 제 환경과 세계의 확장을 경험했습니다. 제 세계가 팽창하면서 자연스레 사고방식 자체가 더 큰 그림을 생각하게 되었습니다. 사회 공헌이나 봉사 프로젝트를 기획한다고 했을 때, 이제는 그것이 그저 학생들끼리 하고 마는 한 번의 행사가 아니라 그를 시작으로 여러 영향력을 낳고 확장해 갈 수 있다는 인지가 생겼습니다. 더 많은 사람에게 영향력을 미치며 많은 사람을 도울 방안을 고민해 보고, 그것을 직접 실행에 옮겨 보는 용기가 생겼습니다.

두 번째로는 내가 무언가 해야겠다는 행동, 실천의 시급함의 인식과 그를 직접 실행하겠다는 용기를 가지게 되었다는 점입니다. 무언가 해야겠다는 시급함의 인식은 우크라이나 친구들로부터 이야기를 들은 영향이 큽니다. 그 친구들은 아직도 많은 사람이 우크라이나에서 전쟁으로 죽어가고, 고통받고 있지만 많은 사람들이 그 사실을 잊어가고 있다고 말했습니다. 많은 이들이 우크라이나를 불쌍하다고 생각하거나 응원하는 마음을 가지고 있지만, 직접 무언가를 하지는 않는 그 방관의 자세를 생각해 보게 되었습니다. 지금 당장 생존의 문제에 처한 사람들을 도와야 한다는 시급함이 그 친구들로부터 느껴졌습니다. 또한 우크라이나뿐만 아니라 전쟁을 겪고 있는 나라의 고통받는 사람들이 얼마나 많을지, 전쟁이 아니더라도 삶에서 누군가의 도움을 받아야 하는 어려움에 빠진 사람들이 얼마나 많은지를 생각해 보게 되었습니다. '조금 이따가 내 할 일 다하고 나서'라는 식의 사고는 결국 시간이 지나고도 아무것도 하지 못하게 하는 핑계라는 생각이 들었습니다. 또한 제가 강연에서 만난 강사진 분은 모두 무언가를 직접 실천하셨던 분들이었습니다. 주변 이들의 어려움을 목격하고 그를 직접 해결하는 지역사회 프로젝트를 실행했다든지, 부정의를 목격하고 그에 대한 저항을 표현한 것과 같은 것들이었습니다. 만약 그분들께서 말로만 바른 이념, 이상을 추구하고 직접 실천한 게 없으셨다면 그 위치에 올라갈 수 없었을뿐더러 그분들의 말씀은 설득력이 없었을 것입니다. 직접 실천하는 것만큼 눈에 보이고, 신뢰가 가는 것은 없으며 실천하는 것은 그 자체로 어렵고 도전이 많은 일이기에 시도하는 것 자체로 가치 있는 일이라고 생각합니다. 저는 이러한 생각으로 지금, 바로 행동하고 실천해야 한다는 시급함의 인식과 그 중요성을 깨달았습니다.

그리고 그 다짐을 직접 행하는 용기는 내 주변의 일들부터 생각해 보라는 많은 강사진 분의 조언 덕분이었습니다. Olle 의원님께서는 어렸을 적 본인의 삶에서 인종차별을 당하는 사람들을 보고 그에 저항하려는 움직임으로부터 정치의 길을 걸으셨다고 하셨습니다. Aida 의원님께서는 남동생의 학교에서 일어나는 문제점들을 해결해 보려는 움직임으로부터 정치의 길을 걸으셨다고 하셨습니다. SSU의 Arian님은 지역의 많은 아이가 가정에서 좋은 식사를 하지 못하는 것을 보고 무료 아침 식사를 제공하는 프로젝트를 실행하셨다고 말씀해 주셨습니다. 그분들은 지금 모두 큰 영향력을 가지고, 사회에 직접 변화를 일으킬 수 있는 분들이지만 그 출발은 모두 내 주변의 것, 나와 내 주변인들이 느끼는 것에서 시작했음을 느꼈습니다. 행동의 영향력과 미래를 꿈꾸면서도 내 주변의 작은 것부터 행동해도 충분하다는 것을, 그것이 시작임을 느꼈습니다. 그래서 '나도 해볼 수 있지 않을까?' '저런 분들도 시작은 저렇게 사소해 보이지만 그 또한 누군가에게는 중요한 일이었겠구나'라는 생각과 함께 용기를 가지게 되었습니다.

세 번째로는 제 리더십에 대한 성찰입니다. 저는 리더십에 대해 강의해 주신 분들 중 Aida님의 말씀이 가장 인상 깊었습니다. '자신의 리더십 스타일을 알라'라는 말씀을 해주셨는데, 그 속의 리더십은 남의 것을 모방하는 것이 아니라, '가장 좋은 버전의 나'를 찾는 것이라고 말씀해 주셨습니다. 그러기 위해 내 리더십의 강, 약점을 알고 보완해 가는 과정을 밟아야 한다고 말씀하셨습니다. 저는 지금껏 이상적인 하나의 리더상을 생각하고 그를 좇아야 한다고만 생각했습니다. 그 때문에 나를 바꿔야 한다는 압박감과 나는 그런 사람이 되지 못할 것 같다는 무력감도 느꼈습니다. 그러나 Aida 의원님의 말씀을 듣고 여러 좋은 리더들의 모습으로부터 배우는 것은 좋지만, 무작정 모방하기보다 그를 나에게 어떻게 적용할 것인지를 고민하고 나의 리더십을 찾아가는 것이 중요하다는 깨달음을 얻었습니다. 사람마다 타고난 체질이 있듯 리더십의 스타일도 다를 테고, 그렇기에 가장 좋은 버전의 나를 찾는 것이 현실성 있는 목표라는 생각이 들었습니다. 그리고 GLS에서 조교를 하며 실제로 제 리더십을 성찰할 기회가 되었습니다. 학생들을 전반적으로 관리하고, 리더십스쿨의 분위기에 중요한 역할을 하는 조교의 위치에서 저는 제 리더십의 강점과 약점을 조금 더 체감하게 되었습니다. 제가 생각하는 제 리더십의 강점은 빠르게 현재의 문제점을 판단하고 그에 맞는 앞으로의 큰 방향성을 현실적으로 설정하는 것입니다. 또 나 스스로 성실하고 꾸준한 태도를 보여줌으로써 누군가에게 그 자체로 귀감이 될 수 있는 조용한 리더십입니다. 그러나 약점은 사람에게 부드럽고 따뜻하게 대해 사람들의 마음을 열 수 있는 역량이 부족하다는 점입니다. 누군가는 저를 조금 무섭고, 차갑고, 다가가기 어려운, 리더라면 권위가 느껴지는 사람으로 볼 수 있습니다. 저는 이런 점을 인식하고 그러면 어떻게 약점을 보완해 가야 할까를 생각했습니다. Mogens 선생님의 강연 중 불안함과 걱정의 생각들을 어떻게 중단할 수 있냐는 제 질문에 선생님께서는 의도적으로 멈추시는 훈련들이 필요하다고 말씀해 주셨습니다. 저는 그렇게 개인적인 태도와 다짐 또한 훈련이 필요하다는 점이 인상 깊었고, 제 리더십에서 제가 느낀 약점 또한 훈련을 통해 보완해 갈 수 있다는 것을 깨달았습니다. 저의 경우로는 의식적으로 학생들에게 다가가고, 세심하게 살피려 노력해 보는 연습을 하는 것입니다. 그래서 실제로 나름대로 조금 더 마음을 열고 학생들에게 다가가 보기도 했습니다. 그리고 앞으로도 제 리더십을 더 탐구해 가며 강점은 발전하고, 약점은 보완하는 방향을 걸어 나가기로 했습니다. 이러한 배움은 GLS에서 리더의 위치에 계신 강사진 분께 리더십에 대한 강연을 들음과 동시에 실제로 제가 리더의 경험을 하면서 강연 속 내용들을 직접 삶에 적용하고, 다시 곱씹어 볼 수 있었기에 가능했습니다.

네 번째로는 삶에 대한 비전의 변화입니다. 저는 이전에는 큰 꿈을 가지면서도 좁은 범위에서, 적은 사람들에게만 영향을 미쳐도 만족하지 않을까 하는 생각을 하고 있었습니다. 그리고 아주 전문적이거나 일정 지위에 있지 않아도 누군가에게 도움만 줄 수 있다면 되는 것이 아닌가 하는 생각도 있었습니다. 그러나 이번에 소위 높은 위치에 있는 분들을 많이 만나고, 그분들 위치의 위계가 높은 자리에 있음으로 인한 권력을 느낀 것이 아니라 그 위치에 있기 때문에 도달할 수 있는 영향력을 보았습니다. 한마디로 만약 제가 지금의 학생 위치에서 발전하지 않고 그대로 있는다면 영향력을 행사할 수 있는 것이 학생이라는 한계 안에 존재하겠지만, 나를 더 성장시켜 어떤 분야든 능력을 갖추고 위치를 가지는 사람이 된다면 그만큼 제가 도울 수 있는 사람의 범위와 영향력이 커질 수 있음을 인식했습니다. 제가 만난 스웨덴의 정치인 분은 결국 국회의원, 시장, 당 소속 단체와 같은 특정 위치에 있기 때문에 그만큼 법을 만들거나 무언가를 제안함으로써 많은 사람에게 도움을 주고 변화를 일으킬 수 있었던 분들입니다. 물론 그런 위치에 있지 않더라도 우리는 충분히 누군가에게 도움을 주고, 큰 힘을 줄 수 있습니다. 하지만 저는 이번에 권력욕이나 돈에 대한 욕심이 아니라 더 많은 이들에게 도달할 수 있다는 점에서 전문성, 능력을 갖추고 특정 지위를 갖는 것의 중요성을 새롭게 깨달았습니다. 이전에는 높은 위치에 올라가는 것이 그저 돈이나 권력에 대한 욕심이라고, 세속적인 것으로 생각하는 편이 강했다면 이제는 그 위치에 올라감으로써 선한 영향력을 더 넓게 퍼뜨릴 수 있다는 그 힘을 인지하게 되었습니다. 그래서 제 삶의 비전을 제가 걸어갈, 발전시킬 분야에서 어떤 위치에 서고 싶으며 누구를 돕고 무엇을 하고 싶은지와 관련하여 고민하게 되었습니다.

2. 가장 인상적인 강의와 강사님은? 이유는?

저는 Amanda 시장님이 가장 인상적이었습니다. Amanda 시장님이 사람 그 자체로 인상적이었던 점은 시장이라는 높은 직위를 가지셨음에도 학생들에게 너무나 친근하고, 인간적인 모습을 보여주셨던 것입니다. 학생들의 질문을 다 경청해 주시고, 강연이 끝나고 나서도 진심 어린 조언을 해주셨던 것이 기억에 남습니다. 특히 제가 시장님께서 웁살라 대학교에서 공부하셨다는 것을 듣고 우리 학교가 웁살라 대학교와 파트너십 대학교인데, 스웨덴에 교환학생으로 갈지에 대해 고민하고 있었다고, 또 만나 뵐 수 있다면 좋겠다고 말씀드렸을 때 시장님께서는 너무 반가워하시면서 만약 이곳에 오게 된다면 꼭 연락하라고, 커피 한 잔이라도 하자고 말씀해 주셨습니다. 그 말씀에서 저를 존중하는 따뜻한 마음의 진심이 느껴졌습니다. 또 저희에게 처음에 의자에 앉으실 때 자세가 괜찮은지를 묻는다거나 중간에 자세가 불편해서 일어나서 강의하시는 등 꾸밈없는 모습과 동시에 드러나는 자신감이 사람 자체를 더 궁금하게 만들고, 매력을 느끼게 했습니다.

Amanda 시장님의 강연에서는 특히 젊은 여성으로서 시장이 되고, 일하는 과정에서 겪는 어려움과 그에 대한 극복, 태도가 가장 인상적이었습니다. 그 어려움을 겪어오며 쌓인 지혜가 한마디 한마디에 묻어나 왔습니다. 특히 처음 정치하고 일을 할 때는 모든 것을 해결하고 싶고, 많은 일을 해내고 싶어서 혹사하면서까지 일했지만, 점차 자신을 깎아 먹으며, 불가능하다는 점을 느끼셨다고 하셨습니다. 그 현실적인 한계를 인정하며 모두를 행복하게 할 수는 없고, 누군가는 불만을 가질 수밖에 없으니 어떤 일을 하는 것이 가장 가치 있는가를 고민해야 한다는 말씀이 저에게 매우 인상적이었습니다. 자신을 돌보기도 해야만 그런 일들에 성공할 수 있다는 것도 덧붙여 말씀해 주셨습니다. 개인적으로 저는 하고 싶은 것이 많고 실제로 많은 일을 하지만, 어느샌가 지쳐 있는 나를 돌아보며 번아웃과 비슷한 상태를 경험하거나 무력감을 느낀 적이 많았습니다. 그사이의 균형을 잡지 못하고 있던 상태에서 이런 조언을 듣게 되어 제 삶에 적용할 수 있어 감사했습니다. 한편으로는 시장님께서 혹사하며 직접 한계를 느끼신 후에야 이런 배움을 얻었듯 저도 직접 깨지고 끝까지 가서 느껴봐야 인정할 수 있지 않을까 싶은 생각도 있습니다. 그러나 그 방향이 잘 가고 있는 것이고, 최연소 시장이라는 대단한 일을 하신 분께서도 이런 감정을 느끼셨다는 것이 제게 큰 귀감이 되었습니다.

또 시장님께 주변 환경과 상황을 조절하는 지혜가 돋보여서 배우고 싶었습니다. 여성으로서 나보다 덩치가 큰 사람을 만나 풀이 죽을 때 어떻게 해야 하냐는 질문에 그 사람을 앉게 해서 동등한 눈높이로 대화하면 된다고 답해 주신 부분에서 웃음이 나옴과 동시에 현명하다고 생각했습니다. 강연 내용 도중에 이런 종류의 현명함과 지혜가 보일 때가 많았습니다. 모든 것에 싸울 순 없다, 'Choose your battle'이라는 말씀에서도 그 지혜가 보였습니다. 또 나에게 도움이 되는 것이더라도 내가 힘들고 스트레스받는 상황에서 비판받는다면 그것이 나에게도, 비판해 주는 상대에게도 좋지 않으므로 "나는 지금 그 비판을 들을 여력이 없어. 나중에 나에게 다시 말해줘"라고 말하는 것과 같은 조절이 필요하다고 말씀하셨습니다. 이런 말씀으로 저는 삶에 다가오는 어려운 상황들을 어떻게 더 지혜롭게 헤쳐 나가고, 더 좋은 결과를 이끌어내기 위해 어떤 태도를 취해야 하는지를 배울 수 있었습니다. 또 강연 내용 중 모두에게 리더십이 있다는 것은 하나의 정답 같은 리더십이 있는 것이 아니라 모두 강점과 약점이 있듯 그에 맞는 리더십을 가지고 있다는 깨달음을 얻게 해주었습니다. 또한 어떻게 용감해질 수 있냐는 질문에 용기를 내는 것도 연습하고, 훈련해야 한다는 말씀이 인상적이었습니다. 새로운 헬스장에서 운동을 해보는 것처럼 일상에서의 사소한 도전과 용기가 쌓여, 그런 태도가 습득되어 큰 용기가 만들어진다는 것이 제 삶에 적용할 수 있는 도움이 되는 말씀이었습니다. 그리고 올해 제가 느낀 점을 정확히 설명해 주는 부분이기도 했습니다. 작년에 저는 사람을 잘 만나지 않고 혼자 공부했기에 처음 대학교에 들어왔을 때 많은 사람 앞에서 말하고 발표하는 것이 이전보다 조금 어색했습니다. 그렇지만 이태석글로벌리더십스쿨 5기 조교로 활동하며 말하는 연습을 하고, 시상식에까지 올라가 소감을 말해 보고, 학교에서도 학회와 같은 자리에서 토론하며 점차 발전했습니다. 조금씩 말문을 트고, 망설이다가 그냥 말해 보자는 마음으로 도전하는 그 작은 시도들이 결국 큰 용기를 만들어 냈던 것입니다. Amanda님의 말씀이 이런 제 경험과 감정을 딱 몇 문장으로 정리해 주시는 것 같아 신기하고, 제 생각을 돌아보기 좋았습니다. 이런 조언을 바탕으로 저는 앞으로 하고 싶은 봉사, 실천 활동이 무엇인지, 그리고 내가 그 상황을 어떻게 다루고 조절할지를 현명하게 고민해 봐야겠다는 생각이 들었습니다. 또한 그와 동시에 그럼에도 앞으로 발을 내디뎌 보고 작은 시도라도 해보는 용기가 그 자체로 큰 힘을 가졌다는 메시지를 얻게 되어 지금 제 현실에서 할 수 있는 것들을 더 해봐야겠다고 다짐하게 되었습니다.

3. 가장 감동적인 순간들, 재미있었던 에피소드

가장 감동적이었던 순간으로는 출국 전날 다 같이 모여 지금까지의 느낀 점과 감사를 나눌 때와, 마지막 날 우크라이나 친구들과 헤어질 때가 기억납니다. 다 같이 모여 있을 때 Daria가 눈물을 흘리며 우리에게 정말 많은 힘을 얻었고, 고맙다는 말을 전해 주어 정말 고맙고 울컥했습니다. 그 친구가 어떤 일을 겪어 왔고 무슨 상처가 있는지 자세히 알지 못했지만, 그저 같이 이야기하고 마음을 나누고 안아 주는 것이 큰 힘이 된 것 같아 다행이고 고마웠습니다. 또 마지막 날 저는 청소하다가 지쳐 잠들어 버렸는데, 일어나 보니 Kateryna가 선물과 편지를 두고 간

걸 보았습니다. 편지에는 룸메이트로 밤마다 대화를 나누며 얘기했던 개인적인 고민에 대한 응원의 메시지가 담겨 있었습니다. 'Always be proud of yourself'라는 Kat의 말은 제게 큰 힘이 되었습니다. 그리고 그 편지를 지금도 매일 들고 다니는 태블릿 케이스에 껴서 가끔 다시 들여다보고, 그때의 기억을 떠올리며 힘을 얻곤 합니다.

저는 모두에게 편지를 쓰고 싶었지만, 시간이 부족해 가장 많은 시간을 보내고 많은 대화를 나누었던 Kateryna와 Viktoriia에게 편지를 써서 헤어지기 전에 전달해 주었는데, 친구들이 진심으로 감동하고 고맙다며 같이 안았을 때 서로 통하는 마음과 진심이 느껴졌습니다. 함께 대화를 나누고 서로의 삶을 나누는 것이 그 자체로 서로에게 큰 힘과 배움이 되었음을 다시금 느꼈고, 이런 인연을 만나게 되어 정말 감사하다는 생각이 들었습니다. 또 Armen님의 강의를 들으며 힘들어하는 우크라이나 친구들의 모습, 상처가 있는 친구들을 보며 저는 한국에 가서 우크라이나를 도울 수 있는 무언가를 반드시 해야겠다고 다짐했습니다. 제 이런 생각을 친구들에게 전달해 주니, 친구들은 우크라이나에 대한 사람들의 관심이 얼마나 중요한지를 말해 주었고 제가 한국에 가서 그 부분에 대해 어떤 역할을 할 수 있지 않을까 생각이 들었습니다. 마지막 날 헤어지기 전 버스에서 Viktoriia는 해외 대학에서 진행하는 우크라이나 추모 행사, 전시회를 알려주며 이곳에 연락하면 이런 프로젝트를 기획하는 데 도움받을 수 있다고 말해 주었습니다. 제가 진심으로 우크라이나를 돕고 너희들에게 힘을 주고 싶다는 말을 전하자마자 적극적으로 저에게 응원과 조언을 보내주는 것을 보며, 그들에게 이런 움직임이 얼마나 간절한지를 느끼게 되었습니다. 또 제 진심을 알아주고 그것에 고마워하는 태도가 느껴져 오히려 제가 더 고마웠습니다.

4. 이태석리더십에 대한 생각

저는 이태석리더십의 가장 중요한 것은 실천하는 리더십이라고 생각합니다. 1번에서 잠깐 언급했지만 저는 이번에 생각만, 말로만 하는 것이 아니라 직접 행동하고 실천하는 것이 얼마나 시급하고 중요한지를 느끼고, 그리고 그만큼 가장 어려운 것임을 깨달았습니다. 또 어려운 만큼 사람들에게 신뢰를 얻을 수 있는 길이라는 것도 깨달았습니다. 이태석 신부님께서 존경 받으시는 큰 이유는, 누구나 할 수 없는 실천을 직접 하셨기 때문입니다. 직접 남수단에 가셔서 사람들과 함께 살며 그들을 가르치고, 치료하고, 마음을 나눠주셨기에 모두가 인정할 수 있는 삶이었다고 생각합니다. 그래서 저는 이태석재단에서 활동을 해오며 이 점을 가장 본받으려고 노력해 왔습니다. 말로만 하지 않고 보이든 보이지 않든 먼저 행동하고, 어찌 되었든 첫발을 떼 실천하는 것이 지금의 제가 핵심적으로 추구하는 자세입니다. 그리고 나름대로 몇 가지 실천하며 실제로 여러 사람으로부터 신뢰를 얻는 경험을 해왔습니다. 실제로 행동하고 실천하는 이들은 몇 없다는 것을 깨달은 후부터 실천하는 것이 그 자체로 리더십이며 큰 역량이라는 생각이 들었습니다. 그래서 저는 요즘 스웨덴에 갔다 와서 느낀 점들, 앞으로 하기로 다짐한 것들을 직접 실천하기 위해 꾸준히 노력 중입니다.

또 한 가지는 타인의 아픔과 고통에 공감하는 따뜻한 마음입니다. 내 생존이 가장 중요한 인간의 타고난 이기심에 더해 개인주의가 팽창하는 시대에 타인의 아픔에 공감하는 것은 정말 어려운 일이지만 그만큼 가치 있는 일입니다. 또 그것은 인간다움을 보여주는 일이기도 합니다. 날이 갈수록 AI가 발전하고 있지만, 과연 AI가 사람의 아픔에 진심으로 공감하고 따뜻한 마음을 가져서 위로를 전할 수 있을까요. 무수한 데이터를 바탕으로 위로와 응원의 말을 텍스트로, 음성으로 표현할 수는 있지만 그런 마음과 의도를 가질 수는 없을 것입니다. 따라서 타인의 아픔에 공감하는 따뜻한 마음은 인간답고, 가치 있는 행동이고 그렇기에 좋은 리더가 갖춰야 할 덕목 중 하나라고 생각합니다.

이태석 신부님도 한 개인으로서 남수단이라는 외지에서 처음 보는 사람들과 살아가는 것에 많은 고난이 있으셨을 것입니다. 그렇지만 왜 그들과 사셨을까를 생각해 본다면 그곳에서 전쟁의 상처가 있는 아이들을, 치료받지 못하고 있는 한센인들을, 무시하지 못하고 그들의 아픔에 공감하는 따뜻한 마음을 가졌기 때문일 것입니다. 누군가의 아픔을 미디어에서조차 그저 하나의 콘텐츠로 다루는 요즘 시대에, 많은 개인은 그것이 문제임을 인식하면서도 무의식적으로 그런 행동 패턴을 보입니다. 타인의 삶과 아픔에 무감각해지기 쉬운 요즘의 시대에 그렇게 인간적이고 가치 있는 행위를 한다는 것은 그 자체로 리더의 신뢰도가 생길 수 밖에 없는 요소입니다.

그러나 타인의 아픔을 공감하는 따뜻한 '마음'을 가진다는 것은 겉으로 보이는 것과 다른 진실한 마음의 차원입니다. 겉으로는 선행하더라도, 속으로는 전혀 다른 마음을 품고 있는 경우가 허다합니다. 그러나 Olle 의원님께서 이번 GLS 강의에서 말씀하셨듯, 사람들은 거짓을 언제가는 알게 됩니다. 그 사람이 진실된지 아닌지는 결국 드러나게 될 것으로 생각합니다. Olle 의원님뿐만 아니라 Aida 의원님, Amanda 시장님 등등 많은 강사진 분의 공통된 메시지 중 하나가 자신을 속이지 말고, 진실되어야 한다는 점이었습니다. 사람들의 신뢰가 가장 중요한 정치인이라는 직업을 가지고 계신 분들이기에 그런 메시지가 나오는 것일 겁니다. 또한 저희가 만난 강사진 분은 모두 약자와 도움이 필요한 사람들에 대한 관심과 행동의 자세가 기본적으로 장착되어 있으셨습니다. 우크라이나의 전쟁고아들을 도와주는 Armen님, 사회의 여러 소수자를 위해 목소리를 내는 Mariam님을 비롯한 SSU 단체의 구성원 분을 보며 일면식도 없는 사람이지만 그의 어려움에 공감하고 따뜻한 마음을 내는 것이 리더십의 핵심이라는 생각이 들었습니다. 이러한 이유로 저는 이태석 신부님께서 직접 행동으로 보여주신 그 실천력과, 그 속에 묻어나는 공감과 따뜻한 마음이 이태석리더십의 핵심이라고 생각합니다.

5. 앞으로 사랑과 봉사를 어떻게 실천할 것인지, 그 계획은?

저는 우선 제 주변의 일들, 제가 현재로서 영향을 미칠 수 있는 부분을 생각해 보았습니다. 이번 GLS에서 우크라이나 친구들을 알게 되며 그들의 아픔을 직접 느낄 수 있었습니다. 고향을 떠나와 미래를 기약하지 못한 채 사는 불안정함과 상실의 감정 등 수많은 아픔이 느껴졌지만, 그중에서도 제게 가장 크게 다가온 것은 사람들의 관심에 대한 부분이었습니다. 저는 우크라이나 친구들에게 전쟁 얘기를 꺼내는 것이 그들에게 상처를 줄까 봐 망설이고 있었는데, 조심스레 전쟁에 대해 물어보니 오히려 친구들은 봇물 터지듯 이야기해 주었습니다. 자기 집이 어딘지, 어떤 상황인지, 무엇을 느끼는지 등등에 대해서 말해 주면서, 우크라이나에 대한 사람들의 관심이 중요하다는 것을 말해 줬습니다. 그들의 말을 빌려 'Getting an Attention' 자체만으로도 힘이 된다는 사실을 알게 되었습니다. 전쟁에 대해 물어보는 것이 그들의 상황에 관심이 있고 알고 싶다는 마음을 표현하는 것이었기에 그렇게 열심히 대답해 주었던 것입니다. 지금 우리나라를 생각해 보더라도 처음 전쟁이 나고 뉴스에 나올 때는 많은 사람들이 관심을 가지고 기부도 하곤 했지만, 지금은 전쟁이 계속되고 있는지조차 모르는 사람들이 많습니다. 그래서 저는 이 친구들에게라도 힘이 될 수 있도록 'Attention'과 관련된 프로젝트를 기획하였습니다. 지금 제가 가지고 있는 것들을 활용하였습니다. 저는 지금 대학교 내 중앙동아리에 소속되어 있는데, 우리

동아리에서는 영화를 만들고 교내, 교외 영화관에서 그 영화들을 직접 상영하며 영화제를 엽니다. 이번 2학기에 제가 워크숍 영화를 만들 기회가 생겼는데, 저는 이번에 '전쟁'이라는 주제로 다큐 영화를 만들기로 하였고, 팀을 짜며 영화 제작을 준비 중입니다. 개인적으로 이 영화를 만드는 가장 큰 이유는 스웨덴에서 만난 우크라이나 친구들에게 너희를 신경 쓰고, 너희에게 관심을 가지는 사람들이 이렇게 있다, 우리가 너희를 응원한다는 것을 직접 전하고 싶기 때문입니다. 우크라이나 친구들에게 이 기획을 이야기해 주었고, 3명의 친구가 인터뷰에 동의해 주어서 영화에 직접 출연할 예정입니다.

두 번째는 GLS 수료 후 지금까지 이어져 오고 있는 Impact Lab에서의 기여에 대한 것입니다. 저는 'Beyond the Borders' 프로젝트를 처음에 기획했고, 1등 팀으로 선발되어 여러 학생과 함께 프로젝트를 진행하게 되었습니다. 앞서 언급했듯 저는 이 스쿨에서 사람 간 연결과 네트워크의 힘을 느꼈고, 그것을 프로젝트에 고스란히 담아 팀원들과 서로 다른 문화권의 학생들을 연결해 친구를 만드는 프로젝트를 기획하였습니다. 현재, 이 프로젝트가 우크라이나와 한국 학생들을 대상으로 하는 데에 집중되어 있지만, 저는 이 프로젝트가 점차 남수단과 같은 국가로도 접근해 가며 더 많은 이들에게 도움을 줄 수 있는 글로벌한 프로젝트로 성장하길 기대합니다. 제가 공동 리더 중 한 명으로서 중요한 역할을 해야 함을 인식하고, 누구에게 도움을 줄 수 있는지를 고민하며 이 활동을 계속 이어 나갈 생각입니다.

　세 번째로는 남수단 1기 봉사단 학생과 진행하고 있는 후속 활동을 계속 이어 나가려는 것입니다. 저는 남수단 1기 봉사단 학생 중 8명의 학생을 모아 올해 2월부터 프로젝트를 기획하여 스웨덴에서 다녀오자마자 하남 '민들레 배움터'라는 아동센터에 가서 봉사활동을 진행하고 왔습니다. 아이들에게 맞는 프로그램을 기획하고, 3일간 직접 아이들을 만나며 교류하는 활동은 이태석재단 학생봉사단이라는 이름으로 진행되었습니다. 신부님의 사랑과 가치를 더 많은 이들에게 알리고, 국내에서도 그 움직임을 이어 가는 것. 그리고 리더십 스쿨을 졸업한 학생이 자발적으로 봉사를 기획하여 실천하는 것의 가치를 이어 나가고 싶습니다. 현재 팀원들과 하남 봉사활동을 마치고 지금까지의 활동을 돌아보고, 앞으로의 활동을 계획하는 시간을 보내고 있습니다.

　이태석글로벌리더십스쿨은 지금껏 제가 이태석재단에서 해 온 일들을 돌아보고, 더 발전시킬 수 있는 시간이었습니다. 국내 리더십스쿨에서, 남수단 봉사활동에서 배운 리더십과 삶에 대한 태도를 새롭게 갈고 닦을 수 있었습니다. 또한 여러 분야의 리더로 계신 강사진 분의 강연과 함께 직접 만나 목도했던 그분들의 태도와 자세로부터 어디에서도 느끼지 못한 깨달음들을 얻게 되었습니다. 저는 이러한 배움 들을 계속해서 이어 나가고, 더 발전시킬 생각입니다. 이러한 배움의 기회를 주시고, 앞으로 제가 그 배움을 삶에 적용해 나가는 데 큰 울타리가 되어주시는 이태석재단에 감사드립니다.

이태석글로벌리더십스쿨 소감문

최서영
금호중앙여자고등학교 2학년

이태석글로벌리더십스쿨 참가 전과 후의 달라진 점

　나는 매사에 걱정이 많고 부정적인 편이었다. 게다가 나를 한계 짓는 사고에 익숙해져 있었다. 남들과 비교하고 나를 하찮게 여기면서 자꾸 작아졌다. 그래서 미리 걱정하지 않아도 될 것까지 걱정하고 안 좋은 일이 생길 싹이 조금만 보여도 아예 그 길을 포기해 버리며 나의 한계선을 확실히 그었다. 내가 잘할 수 있다고 믿었다가 실패하는 것보다 처음부터 못 한다고 생각하는 편이 덜 상처가 될 것 같았기 때문이다. 그러나 글로벌리더십스쿨에 참가한 후, 나는 현실적인 낙관주의를 지키고 나의 가능성을 키워나가는 방법을 알게 되었다.

사실 스웨덴글로벌리더십스쿨에 지원하고, 가기 전에 세미나를 통해 리더십스쿨을 준비하면서도 나의 부족함을 많이 느끼고 의기소침해 있었다. 세계 전반의 주요 이슈에 대한 심층적인 토론이 진행된다는 이야기에 겁먹고 '나는 지식도 턱없이 부족하고 영어도 완벽하지 않은데 거기서 잘하지 못하면 어떡하지' 하고 걱정했다. 또 구진성 대표님께서 스웨덴에 가기 전 여러 차례 세미나를 열어 학생들을 준비시켜 주셨는데 다른 학생들이 의견 발표를 잘하는 모습에 기가 죽기도 했다. 당시 바쁜 학교 일정으로 세미나를 미리 준비해 오지 못한 날은 아무것도 몰라서 입을 열 수가 없었다. 발표를 준비해 온 날조차 입을 열기가 어려워 발표 순서를 미루고 미루다가 다른 사람들이 이미 내가 준비해 온 내용과 비슷한 내용을 다 발표할 때까지도 입을 열지 못하고 세미나를 끝내고 말았다. 한마디로 자신감도 없고 지식도 모자랐다. 세미나를 하며 좌절하기도 했지만, 그보다 얻은 것이 훨씬 컸다. 세미나를 통해 나의 부족한 면을 제대로 마주하며 고쳐야 할 점을 알 수 있었다. 세계 동향에 관심이 있다고 하면서 행동으로 옮기지 않고 더 많이, 더 깊이 공부하지 않았던 나의 게으름을 반성하였다. 마지막 세미나 때는 준비를 위해 멀리 도서관까지 가서 책도 빌려 오며 스스로 발전했다고 느꼈다.

이번 이태석글로벌리더십스쿨은 관성같은 나의 사고방식과 삶의 태도, 나쁜 습관을 끊어준 분기점이었다. 먼저는 발표하는 자세를 배웠다. 나는 발표할 때 목소리가 작다. 게다가 마이크를 점점 내리는 습관이 있다. 나의 이런 모습에 여러 사람이 피드백

해주었고, 작은 목소리로는 좋은 의견도 제대로 전달하지 못한 다는 것을 느끼고 고치자고 다짐했다. 또한 질문한다는 것에 부끄러워하지 않는 자세를 가지게 되었다. 한 번은 지부장님께서 말씀하실 때 예림이가 나에게 모르는 단어를 물어봤다. 모르는 것을 스스럼없이 물어보고 활짝 웃으며 고맙다고 말하는 모습을 보고 신선한 충격을 받았다.

질문받는 사람의 입장이 되어 보니, 실수가 하나도 부끄러운 것이 아니었다. 예림이에게 도움을 줄 수 있어서 좋았고 예림이가 웃으며 고맙다고 하자 무척 기뻤다. 질문받는 사람이 전혀 나를 이상하게 생각하지 않을 것이고 오히려 기쁘게 생각할 테니 모르는 걸 물을 때 당당해지자! 그때 내가 얻은 깨달음이다. 그래서인지 스웨덴에 다녀오고 나서는 질문을 곧잘 한다. 한국에 와서도 이태석글로벌리더십스쿨 학생들과 구교산 미주지부장님과의 화상 회의가 있었는데 영어나 내용이 이해가 안 됐을 때 손을 들어서 몇 번이나 질문했다. 물론 내 성향으로 인한 이러한 약점들을 완전히 극복하지 못했다. 여전히 부끄러움이 많고 소심한 면이 있지만, 스웨덴에서의 경험을 발판 삼아 극복해보려고 한다.

스웨덴에서 열린 이태석글로벌리더십스쿨은 내가 할 수 없다고 생각했던 일들을 할 수 있게 한 터닝 포인트가 되었다. 그리고 그 중심에는 '임팩트 랩(Impact lab)'이 있었다. 임팩트 랩은 사회에 긍정적 영향을 끼칠 프로젝트를 기획하는 활동으로 이태석글로벌리더십스쿨만의 특별한 프로그램이었다. 총 6개의 팀이 매일 임팩트 랩을 하고 마지막 날에 각 팀의 발표를 듣고 투표를 통해 2팀을 선정해 한국에 돌아간 후 두 팀의 프로젝트에 모두가 참여해 계획을 구체화하고 활동을 실제로 진행하기로 예정되어 있었다. 처음에는 '임팩트 랩'이 내 능력으로는 절대 할 수 없는 아주 무거운 짐으로 느껴졌다.

하지만 지부장님의 조언을 듣고 매일매일 주어진 과제를 해결해 나가고 팀원들과 아이디어를 공유하고 발전시키며 프로젝트 기획을 완성할 수 있었다. 누군가는 우크라이나 고아원에 편지 보내는 활동이 세상을 바꾸기에는 너무 작은 활동이라고 생각할지 모르지만, 고아원 아이들에게 가장 필요한 것이 무엇일까, 활동을 통해 배울 가치는 무엇일지 고민하고 시간과 장소, 예산을 아주 현실적으로 생각하며 실행할 수 있는 기획을 하나씩 완성했다는 사실 자체만으로 나에게 큰 자부심이 되었다. 넘지 못할 것처럼 높아 보였던 임팩트 랩이라는 벽을 넘자 다른 어려운 일도 할 수 있겠다는 자신감이 생겼다.

이처럼 글로벌 리더십스쿨에 참가한 후 나는 나의 무한한 가능성을 믿게 되었다. 그리고 개학 후 치른 수행평가에서 이런 나의 변화를 알아차릴 수 있었다. 고등학교에서는 사회 문제를 선정하고 그 문제의 해결 방안을 작성하는 형식의 수행평가나 자율 탐구를 많이 한다. 이전에 그런 형식의 수행평가나 탐구 활동을 했을 때는 해결 방안을 찾아서 쓰면서도 내가 실제로 해결 방안을 실행할 생각을 못했다.

그러나 글로벌리더십스쿨을 수료한 뒤, 비슷한 형식의 수행평가를 했는데 해결 방안이 '여론 만들기'라는 어려운 일임에도 불구하고 지금 작업하고 있는 임팩트 랩의 프로젝트처럼 하나의 프로젝트로 정하고 정말 여론을 만들어야겠다는 생각이 들었다. 나도 모르게 이런 생각이 들었다는 걸 인식하곤 깜짝 놀랐다. 정말이지 세상에 긍정적인 변화를 만들고 싶다는 생각과 열정, 그리고 그렇게 할 수 있겠다는 믿음과 자신감을 이번 리더십 스쿨을 통해 얻은 것 같다.

임팩트 랩은 복합적인 성격의 프로그램이었다. 큰 꿈을 꾸고 세상에 영향을 미치겠다는 포부를 가지고 세계적인 규모로 프로젝트를 진행하면서도 실행 가능한 아주 현실적인 계획을 세워야 했다. 그러면서 나는 비현실적으로 너무 낙관적으로만 생각하거나 부정적으로 나를 너무 작게만 생각하던 수준에서 도약할 수 있었다. 반대말처럼 보였던 낙관과 현실 관념이 함께했을 때 비로소 좋은 결과물이 나온다는 것을 알게 되었다. 어떻게 희망적인 미래를 그리면서도 그 미래를 실현할 수 있는 현실적인 노력을 하며 살아가는지, 그 방법을 배울 수 있었다.

정치에 대한 관점도 완전히 바뀌었다. 여러 스웨덴 정치인들의 강의를 듣고 의회와 우리가 머물렀던 봄메르스빅(Bommersvik) 정치학교 건물을 돌며 스웨덴 정치, 역사에 대한 설명을 들으며 '정치'에 대해 고민하게 되었다. 정치를 마냥 부정적으로만 생각했는데 이 사회에는 리더가 정말 필요하고 리더의 역할이 막중함을 알게 되었다. 정치가 정말 꼭 필요한 일이라고 생각을 바꾸게 되었다. 우리나라의 정치에서 잘하고 있는 점과 못하는 점을 파악하고, 스웨덴의 정치로부터 여러 장점들을 배워서 우리가 잘못해온 것들 것 개선한다면 정말 정치 잘하는 나라 대한민국이 될 수 있다고 생각했다.

가장 인상 깊었던 강의와 강사님은? 이유는? Ms. Amanda

이태석글로벌리더십스쿨의 여러 명강의 중 가장 인상 깊었던 강의는 스웨덴 최연소 여성 시장, 아만다 린드블러드(Amanda Lindblad) 시장님의 강의였다. 젊은 여성 정치인으로서 겪은 고초와 그 고초를 극복했던 과정을 진솔하게 이야기해 주셨다. 처음부터 완벽한 리더가 아니라 시행착오를 겪으며 성장하셨던 것 같아 더 집중하고 공감하게 되었다. 시장님은 자신의 과거를 담담하게 이야기하셨는데 원래 둔감하고 무던한 분이 아니라, 여러 시련을 겪으며 여기저기에 난 상처가 굳어서 단단해지신 것 같다고 느꼈다. 미소를 띠며 이야기를 풀어내기까지 흘리셨을 눈물이 생각나서 강의를 듣는 내내 마음이 먹먹했다.

정치인뿐만 아니라 리더를 맡아본 경험이 부족한 젊은 사람들이 리더의 자리에 섰을 때 겪는 어려움에 대한 이야기를 많이 해주셨다. 내가 줄곧 해왔던 고민에 해답이 되는 이야기라서 마음에 와닿았다. 시장님은 시장이라는 직책에 오르고 그 자리가 버겁게 느껴지고 자신이 자격이 있는지 의심이 들었다고 하셨다. '내가 과연 이 자격이 있나?' 이런 생각이 들 때 스웨덴 시장의 대부분인 중년의 남성 시장들이 가진 능력을 곰곰이 생각해 보면서 '그들과 나를 비교해 보자' 하고 스스로 말한다고 하셨다. 그러면 그들이 하는 대부분의 일을 해낼 수 있다는 걸 알게 된다며, 내가 준비된 사람이고 능력이 있음을 잊지 않으려고 노력한다고 하셨다. 나도 내 능력이 의심될 때 객관적으로 나를 살펴보고 비합리적인 생각 때문에 위축되지 않아야겠다고 생각했다.

또 함께 협의하고 표결하는 국회의원들과 달리 시장은 마지막에 최종 결정권자로 홀로 남게 되고 혼자 책임져야 한다고 말씀하신 대목도 인상 깊었다. 시에 위기가 닥쳤을 때, 그 책임을 져야 하는 사람이 나라는 무서움도 있었지만 내가 이 자리에 있는 건 사람들이 나를 믿고 기회를 주었음을 떠올리고 해냈다고 말씀하셨다. 책임지는 것이 무섭지만 자신을 믿고 기회를 준 사람들을 생각해서 해내는 모습이 정말 용기 있어 보였다. 나도 리더를 맡았을 때 책임감 앞에서 두려움을 느낀 적이 많은데 완벽해 보이는 시장님도 실은 두렵다는 이야기에 큰 힘을 얻었다. 나도 용기 내서 나아가면 시장님처럼 해낼 수 있겠다는 희망이 생겼다.

가장 인상 깊었던 것은 시장님께서 비판을 다루시는 방법이었다. 시장님은 어떤 비판을 들을 것인지 고르는 법을 배우면 비판을 잘 견딜 수 있다고 하셨다. 모든 비판에 반응할 필요는 없고 다양한 의견이 존재함을 받아들이고, 그 차이를 인정한 채 넘어갈 수 있어야 한다고 하셨다. 또한 자신의 심리적 상태를 고려해 비판을 들을지 말지, 어느 시점에 들을지 조정하는 것도 필요하다고 하셨다. 한 번도 비판을 그 자리에서 듣지 않고 유예해서 나중에 듣는 것을 생각해 본 적이 없어 이 발상이 꽤 충격적으로 다가왔다. 시장님은 10년 전 대학 졸업 후 처음 맡은 일자리에서 스트레스를 많이 받으며 큰 회의를 준비하고 있었는데 존경하던 상관이 와서 "이번 세션은 정말 별로였고, 완전히 포인트를 놓쳤다"라고 말했다고 하셨다. 시장님은 그 당시 머릿속이 하얘지고 '망했다, 나머지 세션이라도 어떻게든 바로잡아야 해'라는 생각만 가득했기에 나중에 얘기해 달라고 그분에게 부탁했다. 그 대화를 그렇게 미루고, 나중에 직접 찾아가 앉아서 조용히 듣고, 메모까지 하면서 조언을 받아들였다고 하셨다. 이런 식으로 자신을 보호하면서도 비판을 받아들이는 방법을 배울 수 있었다. 또 무엇을 지키고, 무엇은 흘려보낼지를 스스로 선택하는 결정권자의 판단력이 필요하다고 하셨는데, 어떻게 건설적인 비판만을 잘 들을지 고민하며, 또한 비판을 수용할 때 균형 역시 잘 지켜야겠다고 생각했다.

무엇보다 강의 내내 보여주신 태도가 너무나 멋지셨다. 시장님은 입고 오신 흰색 투피스처럼 즐겁고 경쾌한 분위기로 웃으면서 강의하셨다. 또 정말 다정하고 따뜻하셨는데, 카리스마 있는 강렬한 리더십과는 확실히 다른, 부드러운 리더십의 저력을 제대로 알게 되었다. 시장님의 따뜻함에 모두가 시장님의 이야기에 몰입해서 시장님의 굴곡진 여정을 따라가며 속으로 어떤 대목에서는 무릎을 치고 또 다른 대목에서는 탄식하고 울고 다시 웃었던 것 같다. 그런 에너지를 느낄 수 있어서 정말 행복했다. 강의가 끝난 후에 우크라이나 학생들 몇몇이 시장님과 포옹

하며 눈물을 흘렸고, 다른 학생들도 감동한 것 같았다. 시장님이 자신의 연약했던 모습을 드러내자, 학생들은 거기에서 시장님께 공감할 수 있었고 시장님은 자신과 비슷하게 여러 어려움을 마주할 어린 학생들을 보며 공감하셨다고 생각한다. 그 마음이 서로에게 진심 어린 조언과 응원을 건네게 해주지 않았나 싶다.

스웨덴에서 얻은 문장 중 가장 가슴에 박힌 문장을 하나 꼽자면 바로 "Be the best version of yourself.", 스웨덴의 최연소 의원인 아이다(Aida) 의원님이 강연 중에 하신 말씀이다. 아이다 의원님은 소수만 가진 특징을 많이 가지고 계신 분이다. 부모님이 알바니아인인 이민자 가정 출신이고, 여성이고, 또한 아주 젊은 정치인이다. 그래서 나이가 많은 남성 의원들을 보며 자신은 왜 이럴지 생각했다고 하셨다. 그러나 자신은 그들이 될 수 없고, 그들 또한 자신이 될 수 없음을 깨닫고 자신의 모습 중 가장 최상의 모습에 도달하기로 결심했다고 하셨다. 그러면서 "최선의 자신이 되어라"라고 말씀하셨다. 그 문장은 정말 지금까지 나의 잘못된 방향을 돌려주는 방향키 같은 메시지로 다가왔다. 나는 최선의 나, 최상의 나가 되기 위해 열심히 노력하지 않을 때가 많았다. 아니면 남들과 나를 비교하며 스스로 깎아내리곤 했다. 그런 나의 모습을 반성하며 최선의 내가 되기 위해 노력하며 건강하게 성장하기로 다짐했다.

"Everyone has different kind of leadership." 모두가 각자의, 각양각색의 리더십을 가지고 있다는 말을 듣고는 생각을 바꾸게 되었다. 전에는 리더십이 어느 정도 틀이 정해져 있는 자질이고 리더십이 뛰어난 사람과 부족한 사람이 확연하게 나뉜다고 생각했다. 리더 자리에 지원하거나 리더 역할을 맡았을 때 '나는 리더십이 없나?', '난 리더에 맞지 않는 사람인가?', '리더가 되기 위해 노력하는 일을 멈춰야 하나?' 하는 생각을 많이 했다. 하지만 그 말을 듣고 나에게 분명히 어떤 상황에서는 가장 좋을, 다른 사람들과 종류가 다를 뿐인 '리더십'이 있을 것이라고 믿고 담대하게 리더의 마음가짐을 가져야겠다고 결심했다.

여러 강연을 듣다 보니 공통으로 나오는 내용이 있었는데 그것이 꽤 자주 나온다는 것이 신기했다. 정치인으로서 정상에 오를 정도로 수련하고 성찰하다 보면 깨닫게 되는 진리가 있는 걸까? 여러 강연자가 거듭해서 강조한 만큼 정말 중요한 메시지였고 마음에 정말 와닿았다. "Be yourself. Choose fighting. Be passionate. Be brave. Find your balance and keep the balance. Everyone has different kind of leadership. Keep learning, Listen and read a lot."

"너 자신이 되어라. 네가 싸울 싸움을 선택하라. 열정을 가져라. 용감해지라. 너의 균형을 찾고 그 균형을 지키라. 모두가 각자의 리더십을 가지고 있다. 끊임없이 배워라. 많이 듣고 많이 읽어라."

이 조언을 전부 마음에 새겨서 실천하고 성장하고 싶다.

가장 감동적인 순간들

임팩트 랩의 다사다난한 여정이 가장 감동이었다. 특히 스웨덴에서 보낸 마지막 밤, 최종 프로젝트로 선정됐을 때의 감동은 이루 말할 수 없다. 레스토랑 라운지에서 구교산 미주지부장님이 6개 팀이 제안한 6개의 프로젝트 중에 앞으로 학생들이 할 프로젝트로 선정된 2개의 팀을 발표했다. 2위부터 발표했는데, "Team. Butterflies" 갑자기 우리 팀 이름이 불렸다. 우리 팀이 선정될 것이라고는 전혀 예상하지 못했다. 하지만 안 되겠지 생각하면서도 한편으로 기적이 일어나서 선정되면 좋겠다고 생각했었다. 바라던 대로 기적이 일어나 너무나 기뻤다. 발표되는 순간, 그간의 과정이 주마등처럼 떠오르며 감동이 밀려왔다. 개인적으로 임팩트 랩이 쉽지 않았고 우리 팀도 우여곡절을 많이 겪었기에 선정됐다는 발표로 그동안의 힘듦과 노력을 인정받는 것 같았다.

정말로 임팩트 랩은 그 시작부터 쉽지 않았다. 한국에서 리더십 스쿨에 대해 안내받는 시간에 구교산 지부장님께서 "사회에 긍정적 영향을 미치는 프로젝트를 기획하는 '임팩트 랩(Impact lab)' 시간이 매일 있을 거야"라고 하셨다. 그 말을 듣자 마음이 무거워졌다. 임팩트 랩은 크나큰 부담으로 다가왔고 보잘것없는 결과가 나올까 두려웠다. '일개 고등학생일 뿐인 내가 세계에 긍정적인 영향을 주는 프로젝트를 직접 기획해서 실행까지 한다고?' 이런 의구심이 들었다. 그래서 처음에는 잘하려는 마음을 버리고 형식만 맞추자고 생각했다가 '그래도 배우려고 가는 건데, 실제로 실행하는 팀으로 선정될 만큼 멋진 활동을 기획하지 못하더라도 최선을 다해서 임해 보자'라고 생각하고 스웨덴에 도착했다. 마음가짐을 새로이 하고 갔음에도 막상 임팩트 랩 활동을 시작하자 너무나 막막했다.

누구를 대상으로 어떤 활동을 할 건지를 다 직접 정해야 하다 보니 맨땅에 헤딩하는 느낌이었다. 나를 포함한 팀원 4명 모두 스웨덴 스쿨에서 가장 말이 없고 내향적인 사람들이라서 그런지 회의에서 정적이 오래 흐르기도 했다. 숨 막힐 듯한 분위기에서 아이디어가 쉽사리 떠오르지 않는 머리를 쥐어짰다. 회의는 길어졌고, 모두 지쳤다는 게 느껴졌다. 그러던 중에 등이 따가울 정도로 뜨거워서 뒤돌아서 봤더니 태양이 가까이에 내려와 있었다. 봄메르스빅(Bommersvik) 스웨덴 정치학교를 360도 빙 두르고 있는 하늘은 어느새 짙은 주홍색으로 물들었고, 태양은 강렬히 빛나며 저물고 있었다. 벌써 어두워지는 하늘이 원망스러웠다. 회의는 진보가 없는데 파랗던 하늘은 벌써 저물 준비를 하는구나 싶었다. 이렇게 예쁜 풍경 속에서 머리 싸매고 회의하고 있는 이 상황이 더욱 안타까워서 우울했다.

하지만 두 번째 임팩트 랩 시간에는 웃기도 하고 화목한 분위기 속에서 회의가 원활하게 진행됐다. 입으로는 웃으면서도 "그래도 일이 잘 풀렸구나" 생각하며 안심했던 기억이 있다. 팀 분위기가 좋아지고 회의가 잘 진행되는 것만으로 큰 발전을 한 것 같고 뿌듯했다. 그렇게 회의를 통해 한국 학교에서 편지와 그림을 모아 우크라이나 고아원에 보내는 'Butterfly Project'가 서서히 윤곽이 잡혀갔다.

그 뒤로는 실제로 실행하기 위해 규모는 어떻게 할 것인지, 1:1로 할 것인지 한국 학생 한 명이 다수의 우크라이나 고아원 아이들을 대상으로 편지를 쓸 것인지부터 모금은 어떻게 받을 것인지까지 상세히 고민했다. 치열하게 고민하며 답답해하는 우리 팀에게 지부장님께서 임팩트 랩 프로그램을 창설하며 의도했던 "현실적으로 생각하기"를 우리 팀이 아주 잘하고 있고, 우리 팀은 디지털 기기를 사용하는 다른 팀들과 달리 아날로그 방식이라 기대가 크다고 말씀해 주셨다. 우크라이나 고아들에게는 물질적 지원말고도 정서적 지원 또한 시급하니 분명 긍정적인 영향이 있을 것이라며 우리 팀만의 분명한 장점이 있다고 말해 주셨다. 칭찬받을 거라고는 생각하지 못해서인지 얼떨떨했다. 그리고 칭찬도 받은 시점에 미약했던 처음을 떠올리니 불가능해 보이는 일도 할 수 있겠다는 자신감이 붙었다. 임팩트 랩을 통해 내가 점점 나아져감을 느꼈다. 그리고 전에는 꿈도 꾸지 못했던, 세상을 바꾸려는 마음이 생겼다.

하루는 한국 학생들이 빙 둘러앉아서 성찰과 반성의 시간을 가졌는데 사뭇 무거운 분위기에 한국어로만 이루어지는 대화임에도 불구하고 캣츠(Kats)와 다리아(Daria)가 함께 자리하고 싶다고 하고 계속 자리를 함께해 주었다. 오랫동안 그 자리에 앉아 있어 주어서 감동이었다. 하지만 더 큰 감동은 그렇게 듣다가 중간에 캣츠와 다리아가 한마디씩 했을 때였다. Kats는 우리 덕에 불안정했던 마음이 안정되는 것 같다고, 우리가 큰 힘이 된다고 말해 주었다. Daria는 다른 사람들과 교류하려고 해 보았지만 진정한 관계가 되지 못했다. 이런 관계를 오랫동안 바라고 기다려 왔는데 이렇게 우리를 만나 진정한 관계를 맺게 되어 행복하다고 말했다. 몰랐던 우크라이나 친구들의 진심을 알게 되었다. 그렇게 느껴줘서, 그리고 그걸 말해 줘서 정말 고마웠다.

우크라이나 학생들과 마음이 통한 것 같은 순간에는 언제나 감동이었다. 숙소 방에서 사소한 이야기를 나누며 웃었던 일, 집합 시간은 간당간당하고 우산은 한 개밖에 없는데 비가 내려서 우산 하나를 셋이서 쓰고 활짝 웃으며 뛰어갔던 일, 2층 침대 1층 그 좁은 공간에 몸을 욱여넣고 캣츠와 다리아가 나를 동시에 안아줬던 일, 마지막 날 밤에 평소 무뚝뚝하던 보다나(Bohdana)가 따뜻하게 나를 안아줬던 일 모두 감동이었다. 이 밖에도 정말 많은 감동의 순간들이 있었다. 함께한 한국 학생들, 우크라이나 학생들, 소중한 배움의 기회를 선물해 주신 이태석재단과 도움 주신 모든 분께 정말 감사드린다.

이태석리더십에 대한 생각

이태석 신부님은 요즘에는 좀처럼 볼 수 없는 아낌없이 사랑을 베푸신 분이셨다. 이태석 신부님의 리더십은 사랑의 리더십, 공감의 리더십, 실행하는 리더십이라고 생각한다. 사랑과 공감으로 남수단 톤즈 사람들의 필요를 파악하고 뛰어난 실행력으로 많은 일을 하신 그 리더십을 본받고 싶다. 현실에서 실현하는 일도 정말 중요한데 이태석 신부님은 여러 재능과 추진력으로 브라스밴드도 창단하고 수학 선생님도 하시고 병원도 지으시고 정말 많은 일을 하신 것 같다. 그리고 무엇보다 이태석 신부님은 스스로 빛나려는 리더가 절대 아니었다. 다른 사람들이 빛날 수 있게 열심히 뛰셨다. 이태석 신부님의 리더십은 사랑과 공감 없이 자신만을 빛내려는 리더가 많아진 이 시대의 사람들이 본받아야 할 리더십이라 생각한다.

앞으로 사랑과 봉사를 어떻게 실천할 것인지, 그 계획은?

앞으로 나는 사랑과 봉사를 어떻게 실천할까? 아직 잘 모르겠다. 원래는 봉사 활동에 큰 뜻이 없었는데 이태석재단을 통해 이태석 신부님에 대해, 리더십에 대해 배우고 남수단에 가고, 스웨덴에 가서 배우고, 경험하고 배운 것을 실천하면서 봉사가 하고 싶어졌다는 것만으로 나에겐 큰 변화이다. 이 마음을 놓지 않고 잘 간직해서 내 상황에서 할 수 있는 봉사를 꾸준히 하고 싶다. 고등학생이나 대학생, 학생 신분일 때는 할 수 있는 일이 많지 않을 것이다. 그래서 스웨덴 임팩트 랩에서 기획한 프로젝트처럼 소규모지만 분명 세상에 긍정적인 영향을 줄 수 있는, 희망의 씨앗이 되는 프로젝트를 기획해 진행하거나 여러 단체의 프로젝트에 참여할 것 같다. 최근에 장애인의 이동권에 대한 글을 읽었는데 하나의 글도 사회의 구석진 면을 조명하고 사람들의 생각을 바꾸고, 여론을 바꿀 수 있겠다는 생각이 들었다. 사회적 약자들의 처지를 알리는 글도 쓸 수 있지 않을까 싶다. 그리고 어떤 직업을 가지게 될지 모르겠지만 직업을 갖게 되면 재능 기부를 할 것이다. 나의 경험과 전문성이 도움이 되는 곳에 아낌없이 조언을 주고 싶다.

스웨덴 Bommersvik, 뜻깊었던 배움의 장소

최준영
별무리학교 2학년

 그토록 기다리고 기다리던 이태석글로벌리더십스쿨이 끝을 맺었다. 준비의 시간도 짧지 않았고 출발하기 전 각오도 절대 작지 않았다. 앞으로 있을 수 없는 기회이고 그래서 나에게는 더 놓치면 안 되는 경험이었다. 이태석글로벌리더십스쿨을 처음 접한 순간부터, 그 준비 과정, 가장 인상 깊었던 강의뿐만 아니라 나의 전체적인 회고와 성찰을 정리해 보려고 한다.

이태석글로벌리더십스쿨을 처음 듣고 접하게 된 것은 친구를 통해서였다. 같은 학교 동급생 중 유일하게 이태석글로벌리더십스쿨을 졸업한 친구였는데, 그가 전해준 이태석글로벌리더십스쿨의 이야기들은 대략적인 것이었어도 나의 관심을 끌기에는 충분한 내용들이었다. 그 후 큰 관심이 생겼고, 마치 선발이 된 것처럼 스웨덴에 대해 알아보기 시작했다. 이태석글로벌리더십스쿨에 참가해야겠다고 결심하게 된 것은 이태석재단이 무상 문화대상을 수상하던 시상식이었다. 재단 사무국장님의 차를 타고 집으로 돌아오는 길에 스쿨에 대해 많은 이야기를 나누었고 궁금한 점도 물어보았다. 그 순간 스웨덴에서 열리는 이태석글로벌리더십스쿨이 나에게 정말 좋은 기회가 될 거라는 확신이 들었다. 스웨덴이라는 나라에 큰 영향력을 행사하고 계시는 정치인들과 유명인들이 우리 이태석재단을 위해서 강의를 해주시는 기회를 놓치는 것보다 아쉬운 것은 없기 때문이다. 이 기회가 나의 리더십을 찾아가는 것에 도움을 줄 수 있을 것 같았다.

바로 면접 준비에 들어갔다. 남은 기간은 약 2주 정도였고, 솔직히 기대보다는 걱정이 훨씬 많았다. 한동안 사용하지 않아 무뎌져 버린 영어 실력으로 면접을 보게 되고, 선발이 된다면 직접 스웨덴에 가서 무겁고 진지한 주제의 강연을 들어야 한다는 사실 때문이었다. 이태석글로벌리더십스쿨에서 통역기 없이 들어봤던 영어 강의를 생각해보면 '내가 과연 제대로 이해하고 적극적으로 활동할 수 있을까?' 의구심이 들 수밖에 없었다. 그럼에도 꼭 가고 싶다는 열망으로 면접을 준비했다. 어떤 방식으로 진행될지 모르는 면접이었기에 준비하기가 더욱 까다로웠다. 예상 질문도 준비하고, 실제로 친구와도 많이 영어 질문을 주고받았다. 누군가와 같이 면접을 준비할 수 있어서 좋긴 했지만, 끊임없이 막히는 나의 스피킹 실력에 많은 경각심이 들기도 했다.

    많은 준비 끝에 면접 시간이 다가왔다. 면접은 총 10분 정도 진행이 되었는데 사소한 프리토킹과 문장 이해력 테스트를 했다. 프리토킹까지는 수월하게 진행이 되었지만, 들리는 문장을 해석하는 것은 생각보다 어려워서 제대로 해석하지 못해 아쉬움이 많이 남았다. 면접이 끝나고 지부장님은 나에게 숙제를 내주셨다. 스웨덴에 가기 전까지 모든 미디어를 영어로 접하기, 매일 최소 30분씩 투자해서 기사 소리 내 읽어 보기. 이 두 가지였다. 스웨덴 출국까지 6주가량 남은 상태였고, 아직 영어가 많이 부족한 나였기에 최대한 열심히 해보리라 마음먹었다. 하지만 6주가 지나고 보니 내가 보기에 나의 영어 실력에, 눈에 띈 성장은 없었다. 영어 실력을 끌어올리기에 6주라는 시간이 길지 않은 시간이었던 것도 맞지만 가장 큰 이유는 시간이 없다는 핑계로 계속 미뤘던 나의 부족함 때문일 것이다. 이것도 하나의 열정이고 정신력인데 이것을 끝내 지키지 못한 나 자신에게 많이 실망스러웠다.

    영어 공부와 함께한 다른 프로그램도 있었다. 스웨덴 스쿨 학생끼리 진행한 세미나였다. 1차부터 7차까지의 세미나는 온라인으로 진행이 되었고 마지막 8차 세미나는 모두 재단에 모여 세미나를 진행했다. '아는 만큼 보인다'라는 대표님의 말씀에 따라 스웨덴에 가기 전 최대한 많은 분야를 알고 강의와 토론에 도움이 될 수 있도록 공부하자는 취지에서 진행이 된 활동이었다. 8차의 세미나 모두 각기 다른 주제로 의견을 나누는 활동을 했다. 대표님이 매 회차 강조하신 내용이 기억에 남는다. 이 세미나는 다른 사람의 의견에 반박하기 위해 존재하는 것이 아니라 다른 사람의 의견을 듣고 받아들이며 지식의 폭을 넓히고, 자신의 의견을 상대방에게 공유하는 목적 아래에 존재한다는 것이었다. 나는 매번 이 내용을 기억하고 발언하려고 노력했다. 세미나의 주제는 내가 태어나서 한 번도 생각해 본 적이 없는 주제들로 많이 진행되었다. 2차 세미나에서는 '단일성과 다양성의 현실과 극복'에 대한 주제로 진행이 되었고 3차에서는 원칙주의와 탄력성을 포괄적으로 조사해 온 다음 의견을 나누는 세미나를 진행했다. 5차 세미나에서는 '19~20세기에 유럽에서 어떤 일이 일어났는가?'라는 주제였다. 이 세미나에서는 단순히 공부해 온 내용만을 이야기하는 것이 아니라 자신이 보고 생각한 유럽 역사의 의미를 정리해서 간단하게 이야기하고 공유하는 세미나였다. 6차 세미나에서는 '현재 유럽에서 벌어지는 전쟁, 현재 중동에서 벌어지는 전쟁'에 대해서 이야기를 해 봤고 7차 세미나는 '기후 변화를 우리가 어떻게 대처해야 하는가?'에 대한 세미나였다.

비록 1차 세미나와 3차 세미나에 참여하지 못했지만, 다섯 번에 걸친 세미나를 통해 정말 다양한 주제로 공부를 해 볼 수 있어서 정말 의미 있었던 활동이었다. 지금까지는 이런 공부를 해 볼 기회가 없기도 했고는 공부할 생각도 들지 않았었는데 이번 기회를 통해 내가 세상에 대해 얼마나 모르고 있었는지 그리고 내가 세상에 얼마나 무관심했는지를 깨닫게 해주는 순간이었다. 대표님이 항상 강조하시던 '아는 만큼 보인다'라는 말씀을 직접 느낄 수 있었다. 리더가 되기 위해서는 더 많은 것을 알고 배우고 경험하기 위해 노력을 해야 하는데 지금까지 리더가 되고 싶다면서도 아무런 노력도 하지 않은 나를 되돌아보게 되었다. 동시에 세미나가 모두 온라인으로 진행되긴 했지만 계속해서 나의 의견을 사람들에게 말하려고 하는 노력으로 용기를 얻기도 했다. 지금까지 사람들 앞에서 말하는 것을 꺼렸던 내 모습을 계속해서 수정하고 스웨덴에 가서도 나의 이런 단점을 극복하기 위해서 노력해야겠다는 생각이 많이 들었다.

일곱 번에 걸친 세미나 끝에 8차 세미나는 스웨덴 스쿨 모든 학생이 재단에 모여 오프라인으로 세미나를 진행했다. 스웨덴 출국 일주일 전이었다. 긴장이 되는 동시에 기대가 되는 마음을 품고 재단에 도착했다. 마지막 세미나에서는 이전에 진행했던 세미나와 그 내용들을 다시 한 번 정리할 수 있는 시간을 가졌다. 지금까지 온라인으로 진행했던 세미나와 다르게 이번에는 내가 어떤 부분에서의 성장을 이루어냈는지 느낄 수 있었다. 8

차 세미나에서도 마찬가지로 자신의 의견을 나누는 시간을 많이 가졌고, 온라인상에서보다 이야기를 먼저 꺼내기가 더 어려웠지만 그래도 용기 내어 손을 들고 나의 의견을 다른 사람들에게 전하는 나의 모습을 볼 수 있었다. 지금까지 이런 적이 없었던 나였기에 더욱더 감격이었다.

조금 달라진, 어쩌면 성장한 나의 모습을 가지고 스웨덴으로 향했다. 평소 장기 비행을 좋아하던 나는 별 힘듦 없이 스웨덴에 도착했다. 오랜 시간 동안 준비해 왔던 스웨덴 스쿨을 시작할 시간이 다가오고 있었다. 우리는 스웨덴에서 총 11번의 강의를 들었다. 이렇게 많은 강의를 들었지만 모두 전해주시는 메시지가 조금씩 달랐고 이 중에서 나에게 가장 의미 있게 다가온 강의 몇 개에 대한 내 생각을 공유하려고 한다.

스톡홀름 공항 호텔에서 한 하룻밤을 보내고 다음 날 아침, 전에 몇 번 뵌 적이 있는 올레 토렐 의원님을 다시 뵙게 되었다. 그리고 같이 Bommersvik 학교로 이동했고, 강의를 본격적으로 시작했다. 의원님은 자신의 어렸을 적 그리고 현재 정치에 대해 이야기를 해 주셨다. 강의 내용 중 가장 인상 깊었던 내용은 고작 12살에 인종차별을 당하는 사람들을 보고 문제의식을 느꼈다는 것이다. 도대체 본인이 당하는 인종차별이 아니고 한 번도 본 적이 없는 다른 사람이 겪는 어려움을 보고 어떻게 그 나이에 문제의식을 느꼈는지 신기하면서도 경외심이 느껴졌다. '이런 분이 정치를 해야 나라가 잘 돌아갈 수 있겠구나'라는 생각이 들었다. 오직 본인의 이득만을 쫓아가는 정치인이 아닌 나라를 위해 봉사한다는 마음으로 정치에 임하는 정치인들이 많아졌으면 좋겠다는 생각 또한 들었다.

강의에서 느낀 인상 깊었던 내용은 이 정도였지만 나는 의원님과 함께 시간을 보내면서 강의 못지않은 교훈을 얻게 되었다. 의원님은 평소에 어느 누구와도 비교되지 않는 검소하고 평범한 일상을 지내고 계셨기 때문이다. 이제 아홉 살이 된 아들과 호숫가에서 놀아 주고 계시는데 강의에서 매번 보던 단정하고 권위 있는 정치인의 모습은 온데간데없어지고 평범한 한 명의 아버지의 이미지가 비추어졌다. 참정치인이라면, 아무리 높은 자리에 있더라도 시민과 다르지 않은 삶을 살고, 시민의 입장에서의 어려움을 이해하려고 노력하는 태도가 필요하다. 나는 강의에서보다도 스웨덴 국회의원의 일상 생활에서 더 값진 교훈을 얻었다.

2일 차 강의는 스웨덴 국회에서 진행이 되었다. 다음 날 아침 일찍 우리는 국회로 출발을 했고 국회의원 회의실에 앉아 최연소 의원 Aida님의 강의를 듣게 되었다. 평생 한번 들어가기도 힘든 스웨덴 국회에서 평생 한 번 만나기도 힘든 분의 강의를 듣게 된다는 것이 정말 믿기지 않았다. 그래서 모든 강의 내용에 집중하려고 노력했다. 의원님은 우리가 이해하기 쉽도록 먼저 그분의 일생을 설명해 주시고 질의응답을 받은 후 다시 그다음 설명을 진행해 주셨다. 그 부분에서 최연소 의원님의 큰 배려가 느껴져서 좋았다. 강의가 끝난 후 나는 의원님께 하나의 질문을 드렸다. 일을 하실 때 가장 잊지 않으려고 하는 가치가 무엇인지 말이다. 의원님은 이렇게 답해 주셨다. 본인에게 가장 중요한 가치는 Trust(신뢰)이고 그 이유는 얻기는 어렵지만 잃기는 너무나도 쉽기 때문이었다. 정치에서든 인간관계에서든 어떤 관계를 맺을 때는 항상 신뢰가 뒷받침되어 주어야 한다. 본인이 국민에게 약속한 것을 지키지 못하는 모습을 보이면 지금까지 노력해서 쌓아왔던 것들이 모두 무너질 수 있기 때문에 어떤 일을 하든지 국민들과의 신뢰를 지키기 위해 열심히 노력하신다고 한다. 물론 신뢰의 중요성은 나 또한 인간관계를 맺고 살아가면서 많이 느낀 교훈이었다. 하지만 공인으로서 가지고 있던 신뢰의 무게는 훨씬 무거워 보였다. 스웨덴에서는 정치인을 단순한 '직업'이라고 하지 않고, '신뢰에 기반한 책임'이라고 부른다. 그렇기에 정치인은 자신이 내리는 결정, 하는 발언, 작성하는 글, 그리고 추진하는 정책 하나하나가 모두 신뢰와 직결된다. 자신을 뽑아준 사람들이 여전히 자신을 믿고, 올바른 선택을 했다고 느낄 수 있도록 매일 열심히 일하려 하는 것이 정치인의 삶이다. 내가 생각했던 신뢰와는 달리 상당히 무거운 신뢰의 의미를 듣고 나는 과연 학교를 대표하는 자리에서 이런 책임감과 성실함을 보여주고 있는가. 학교 학생들에게 얻은 신뢰를 지켜나가고 있는가. 고민하게 되었다. 학교를 위해 일하고 있는 학년 임원으로서 더 신뢰를 중요하게 여기고 책임감을 가져야겠다는 생각이 들었다.

또, 이번 강의에서 나의 리더십에 대한 자신감을 가지게 되었다. 지금까지 나는 사람들을 이끌고 카리스마 있는 리더십을 원하고 있었는데 Aida 의원님은 각자만의 리더십이 있고 모두 각자만의 매력이 있는 것이라고 하셨다. 평소에 나의 리더십이 부족하다고 느꼈던 나는(아직 부족하긴 하겠지만) 나만의 리더십을 더 긍정적으로 바라볼 수 있게 되었다.

화요일, 3번째 날에는 SSU라는 스웨덴 청소년 단체에서 강의를 진행했다. 무엇을 하는 단체인지, 그리고 무엇을 목표로 하고 있는지를 설명해 주었다. 두 번째 세션에서는 SSU는 청강자의 학생들이 참여할 수 있는 활동을 기획해 줘서 더 집중해서 들을 수 있었던 강연이었다. 솔직히 SSU는 영어가 너무 빨라서 이해를 많이 하지 못했지만 점심을 먹는 시간에 SSU 회원 분들과 함께 같이 밥을 먹으면서 조금이나마 강의 내용 이해에 도움을 받을 수 있었다. 이분들은 스웨덴 청소년이 세상을 상대로 자신들의 목소리를 낼 수 있도록 도와주는 역할을 한다고 한다. 하지만 이들이 우리에게 전해주고 싶은 메시지는 '스웨덴 학생들이 이렇게 능동적인 면모를 가지게 된 이유가 스웨덴 학생들이 특별해서는 절대 아니라는 것'이다. 충분히 대한민국 학생들도 이렇게 자신의 목소리를 사회에 낼 수 있고 그러기 위해서는 이를 위한 시스템이 필요하다는 주제였다. 정말 우리나라 학생들이 이런 사회적인 변화를 만들어 낼 수 있는 잠재력을 발휘하면 좋겠다는 소망이 생기게 되었다. 그리고 이런 교훈을 우리에게 심어

준 SSU 회원들에게 정말 고마웠다.

그다음 날에는 덴마크 자유학교 교장 모흔스 고드벨레 선생님이 오셨다. 이분은 강연보다는 자유 학교에 시스템을 이해할 수 있도록 우리에게 체험 활동을 많이 준비해 주셨다. 체험 활동은 조별로 진행이 되었고, 교재에 나와 있는 질문들을 같이 나누는 활동이었다. 영어로 대화해 보는 것이 그렇게 익숙하지 않았지만 그래도 어려운 강의보다는 훨씬 재미있었던 활동이었다. 그 질문들에는 학교 시스템에 대한 질문이 많았는데 대학 입시와 경쟁 구조의 한국과는 다른 덴마크의 협동 중심 교육과정을 직접 느끼고 체험해 볼 수 있어서 나에게 교육에 대한 부정적이었던 시선이 긍정적으로 바뀌고 전혀 다른 관점의 교육이 다가와서 신선한 경험을 할 수 있었다.

마지막으로 아르멘 멜리키안님의 강의였다. 우크라이나 전쟁터 아이들을 목숨 걸고 구출해내신 영웅 같은 분이다. 현재 우크라이나의 상황과 우크라이나 사람들을 도와주었던 본인의 이야기를 중심으로 강의를 해주셨고 나는 사실을 받아들이는 마음만 가지고 있었다. 하지만 직접 이 끔찍한 고통을 겪어본 친구들이 이 자리에 있다는 것을 잊고 있었다. 이 강의가 끝나고 대표님께서 하신 말씀이 기억에 많이 남는다. 이런 공감 능력이 없는 사람은 절대 리더가 될 수 없다는 것. 아직 진정한 리더로서의 자질이 많이 부족한 나의 상황을 크게 느낄 수 있었고 스웨덴 활동 중에서 가장 자기 성찰적이었던 순간이었다.

　스웨덴에서의 활동을 말할 때 Impact Lab을 빼놓을 수는 없다. 이 활동이 학생들이 유일하게 직접 참여하며 서로의 의견을 나누는 시간이었기 때문이다. 우리 조에서는 처음부터 우크라이나 학생들에 대한 이야기가 나왔다. 그래서 우리는 우크라이나 학생들을 도울 수 있는 프로그램을 기획하기로 결정하고 오랫동안 아이디어를 나누며 프로젝트에 대해 고민했다. 일단 한국에 우크라이나의 상황을 소개하며 편지를 쓸 수 있는 부스를 만들고 학생들이 쓴 편지를 우크라이나 고아원에 있는 학생들에게 전달해 주는 프로그램이다. Impact Lab과 같은 이런 활동은 내가 단연코 처음 겪는 경험이었다. 그렇기 때문에 더 많은 것을 배우고 느낄 수 있었다. 이 프로젝트를 통해 오직 대한민국에 사는 나의 삶 속에만 갇혀있었던 나의 시각을 넓은 세상으로 펼칠 수 있었던 것 같다는 생각이 든다.

　과연 스웨덴 스쿨에 참여하기 전 나의 모습과 현재 나의 모습은 어떤 부분이 달라졌을까? 나는 현재 대안학교에 다니며 많은 경험들을 해왔다. 입시 경쟁에서 벗어나 완전히 다른 경험들을 하며 나는 때때로 나의 성장에 대해 생각해보기도 했다. 하지만 그럴 때마다 성장한 나의 모습을 찾는 것이 너무 어려웠고, 과연 '내가 전에 비해 많은 성장을 이루어냈을까' 하며 의심을 하기도 했다. 스웨덴 스쿨에 참여하기 전에도 나는 내가 혹여나 성장을 이루어내지 못하면 어떡하나 걱정이 되었다. 그렇지만 이번 경험은 달랐다. 확실히 성장한 점이 보이는 부분이 있었고 그것만으로도 나는 성공적인 경험을 했다고 본다.

나는 늘 수동적인 태도를 버리지 못하곤 했다. 과제를 할 때도, 공부를 할 때도, 어떤 일을 하든지 스스로 나서지 못하는 내 모습이 늘 고민이었다. 극복해야 한다는 걸 알면서도 쉽지 않았다. 그런데 이태석재단은 내게 능동적으로 움직일 용기를 주었다. 스웨덴 스쿨을 마치며 돌아보니, 나는 내적으로 성장하려 하고 기회를 붙잡으려 노력하는 모습을 발견할 수 있었다. 무엇보다도 열한 분의 강사님들이 그 변화를 이끌어 주셨다. 예전 같으면 강의를 듣는 데에서 만족했을 것이다. 하지만 이번에는 한 발 더 나아가, 강의 후 인스타그램으로 감사 인사를 전했고, 특히 올레 토렐 의원님께는 직접 찾아가 멘토링을 요청하기도 했다. 이 한 발자국이 더 많은 성장을 이끌어낼 수 있을 것이라고 생각했기 때문이다. 작은 행동이었지만, 그것이 내게는 수동성을 넘어서는 중요한 발걸음이었다.

또한, 나는 여러 사람들 앞에서 나의 의견을 말하는 것을 두려워했다. 절대 자진해서 손을 들고 나의 견해를 밝히지 않았다. 스웨덴 스쿨을 준비하면서 있었던 여덟 차례의 세미나에서 공부해 온 내용을 토대로 나의 의견을 자진해서 나누는 과정을 통해 자신감이 생기게 되었고 스웨덴에서는 Impact Lab을 통해 이 자신감이 증폭되었다. 심지어 익숙하지 않은 영어로 나의 의견을 말하는 시간이 대부분이었기 때문에 이것이 큰 도움이 되지 않았나 생각이 든다.

스웨덴 스쿨에서 배운 리더십은 행실이다. 대표님은 이태석 리더십 스쿨에서는 인성에 초점을 맞춘 리더십을 배우게 되고 글로벌리더십스쿨에서는 지성에 초점을 맞춘 리더십을 배우는 것이라고 말씀하셨다. 그래서 여덟 번에 걸친 세미나에서 많은 공부를 하게 되었고 나의 갇혀 있던 시각이 많이 넓어지는데에 도움이 되었다. 하지만 스웨덴에서 많은 강의를 듣고 사람들과 이야기를 해본 결과 나는 지성의 리더십보다 인성의 리더십이 훨씬 중요하다고 느꼈다. 강사 분들 모두 엄청난 지식과 능력을 갖춘 사람이긴 하지만 그들조차도 높은 자리까지 오르는 동안 성품과 행실을 소홀히 생각한 적은 단 한 번도 없을 것이라 장담한다.

나는 스웨덴에서 배우고 느꼈던 이 리더십을 우리 학교에 실천해보고 싶다. 항상 리더십에 관련된 강의를 듣거나 활동을 하면 드는 생각이다. 현재 학교를 대표하고 우리 학년을 대표하는 학년 임원으로서 나의 평소 행실을 되돌아보고, 완벽한 리더의 모습을 추구하는 임원단으로서 더 성장한 모습을 보여야겠다는 다짐. 아직 부족한 점이 많은 리더이고 그 사실을 잘 알기 때문에 스웨덴 스쿨에서 더 가치 있는 리더십을 공부하려고 노력했고 나의 내적 성장을 추구하는 시간을 가졌다. 지금 당장 내가 느꼈던 리더십을 실천할 수 있는 곳은 우리 학교일 것이다. 하지만 나는 언젠가 학교를 떠날 것이고, 사회로 나가 리더의 역할을 수행해야 하는 상황이 닥칠 것인데 이에 대해서도 고민하고 나만의 리더십을 발전시키는 것이 필요할 것 같다. 앞으로 나의 미래는 내가 정확하게 알 수는 없지만 스웨덴 스쿨에서 느꼈던 그 순간순간들을 항상 기억하며 이태석 신부님의 영혼을 대신하는 리더십스쿨 학생이 될 것이다.

The Lee Tae Seok Global Leadership School and My Homeland, Ukraine

Bohdana Sokoliuk
Taras Shevchenko University LL.B of Laws
Stockholm University Master of Laws

This summer, I had the pleasure of participating in the Lee Tae Seok Global Leadership School, organized by the Lee Tae Seok Foundation. It was a truly extraordinary experience—unlike any other summer school or program I had attended before. From the very beginning, I felt that the School's purpose went far beyond teaching soft leadership skills. It offered a space for deep personal reflection on what the abstract idea of being a leader truly means to me. Through group discussions, listening to guest lecturers share their experiences, and analyzing their honest answers to personal questions, I was able to gain valuable insights about myself and leadership.

During the lectures, I heard so many inspiring ideas that I couldn't resist writing them down. The ones that struck me most were:

- "Dare to do difficult things." — Olle Thorell
- "Embrace who you are, know your leadership style, and never compromise your well-being." — Aida Birinxhiku
- "You need to have an agenda: it will either be yours or someone else's" (+ 30 Rules of Leadership!) — Ann Linde
- "Detours are where real life happens." — Mogens Godballe
- "Trust your gut feeling—and if you hesitate about something, push yourself to try it." — Amanda Lindblad

It took me some time to process all these lessons. The Lee Tae Seok Global Leadership School helped me recognize the roots of some of my fears and inspired me to be more courageous in pursuing opportunities that truly excite me—those I might never have dared to dream of before. It also encouraged me to think about how to achieve greater results while maintaining my well-being.

One of the most moving parts of the program was seeing how eager the Korean students were to understand the perspectives of Ukrainians. We had many deep conversations that went beyond the curriculum, allowing us to connect on a personal level and build meaningful friendships. The School's thoughtful organization—shared accommodation, diverse group arrangements, and encouragement to spend time together—made it easy to form genuine bonds. Despite our different educational, cultural, and linguistic backgrounds, we learned to collaborate and support one another. I was also deeply touched by how kind and considerate the Korean students were, which made me reflect on the individualistic culture that dominates much of the world.

On a lighter note, I definitely wasn't prepared for how well-stocked the Korean students were with local sweets—but I was more than happy to try many of them (and even take a few home)!

The leadership philosophy promoted by the Lee Tae Seok Foundation is truly one of a kind. It helps participants discover inner motivation and purpose, while guiding them to become compassionate and responsible members of society. I often find myself wishing that such a program had been part of my school education.

Ultimately, the most valuable takeaway from the Lee Tae Seok Global Leadership School is the people. The

Foundation succeeded not only in building a bridge between young Koreans and Ukrainians, but also in creating a small, vibrant community that continues to communicate and grow together.

Looking ahead, I hope to use my academic and professional background to pursue socially meaningful work—and to carry forward the lessons of leadership, empathy, and purpose that the Lee Tae Seok Global Leadership School has instilled in me.

이태석글로벌리더십스쿨과
나의 조국 우크라이나

보다나 소코리우크
우크라이나 타라스 세브첸코대학교 국제법 학사
스톡홀름대학교 법학 석사

올여름, 저는 이태석재단이 주최한 이태석글로벌리더십스쿨에 참가하는 뜻깊은 기회를 가졌습니다. 그것은 제가 지금까지 참여했던 어떤 여름학교나 프로그램과도 비교할 수 없는 특별한 경험이었습니다. 처음부터 저는 이 리더십스쿨의 목적이 단순히 리더십 기술을 가르치는 것 이상이라는 점을 느낄 수 있었습니다. 그것은 오히려 '리더로 산다는 것이 나에게 어떤 의미인가'를 깊이 성찰할 수 있는 공간이었습니다. 그룹 토론에 참여하고, 초청 강연자들의 경험담을 들으며, 그들의 진솔한 답변을 분석하는 과정에서 저는 리더십과 자기 자신에 대해 많은 통찰을 얻을 수 있었습니다.

강연을 들으며 수많은 인상 깊은 말들을 접했고, 그중 몇 가지는 꼭 기록해 두고 싶었습니다. 특히 제 마음에 깊이 남은 문장들은 다음과 같습니다.

- "어려운 일에 도전하라." — 올레 토렐
- "자신을 받아들이고, 자신의 리더십 스타일을 이해하며, 결코 웰빙을 희생하지 말라." — 아이다 비린시쿠
- "당신에게는 반드시 의제가 있어야 한다. 그렇지 않으면 누군가의 의제를 따르게 될 것이다." (리더십의 30가지 원칙과 함께) — 안 린데
- "삶의 진정한 이야기는 우회로에서 펼쳐진다." — 모흔스 고드발레
- "직감을 믿고, 어떤 일에 망설일 때일수록 스스로를 밀어붙여 시도하라." — 아만다 린드블라드

이 모든 가르침을 온전히 소화하는 데는 시간이 걸렸습니다. 그러나 이태석글로벌리더십스쿨은 제 내면의 두려움의 근원을

깨닫게 해주었고, 예전에는 감히 꿈꾸지 못했던 도전을 향해 더 용기 있게 나아갈 수 있도록 이끌어 주었습니다. 또한 성취와 웰빙 사이의 균형을 어떻게 지켜야 하는지도 깊이 생각하게 되었습니다.

이 프로그램에서 가장 감동적인 순간 중 하나는 한국 학생들이 우크라이나 학생들의 시각을 이해하려는 진심 어린 태도를 보였던 일이었습니다. 우리는 커리큘럼을 넘어서는 깊은 대화를 나누며 개인적인 수준에서 서로를 이해하게 되었고, 의미 있는 우정을 쌓을 수 있었습니다. 스쿨의 세심한 운영—공동 숙소, 다양한 배경을 가진 그룹 구성, 그리고 함께 시간을 보내도록 장려한 환경—은 이러한 진정한 유대감을 형성하는 데 큰 도움이 되었습니다. 교육적·문화적·언어적으로 매우 다른 배경에도 불구하고 우리는 협력하고 서로를 지지하는 법을 배웠습니다. 특히 한국 학생들의 따뜻하고 배려 깊은 태도는, 전 세계에 만연한 개인주의적 문화에 대해 다시 생각하게 만들었습니다.

조금 가벼운 이야기이지만, 저는 한국 학생들이 엄청난 양의 과자와 간식으로 무장하고 온 것에 깜짝 놀랐습니다. 덕분에 정말 다양한 한국 과자를 맛볼 수 있었고, 몇몇은 집으로 가져가기도 했습니다!

이태석재단이 전하는 리더십 철학은 정말 독특합니다. 그것은 참가자들이 내면의 동기와 목적을 발견하도록 돕고, 따뜻하고 책임감 있는 사회 구성원으로 성장하게 합니다. 가끔은 이런 프로그램이 제가 학창 시절 다녔던 학교의 정규 교육과정에 포함되어 있었다면 얼마나 좋았을까 하는 생각이 듭니다.

  결국, 이태석글로벌리더십스쿨에서 얻은 가장 큰 보물은 '사람들'입니다. 재단은 단순히 한국과 우크라이나의 젊은 세대를 연결한 것에 그치지 않고, 서로 꾸준히 소통하며 함께 성장하는 작고 활기찬 공동체를 만들어냈습니다.

  앞으로 저는 저의 학문적·직업적 배경을 바탕으로 사회적으로 의미 있는 일을 추구하며, 이태석글로벌리더십스쿨을 통해 배운 리더십, 공감, 그리고 목적의 가치를 제 삶 속에서 계속 실천해 나가고자 합니다.

Reflection on the Lee Tae Seok Global Leadership School

Daria Volovyk
Göthenburg University

This summer, I had the incredible opportunity to attend the Lee Tae Seok Global Leadership School—an experience that challenged, inspired, and helped me grow in ways I never expected. I arrived with curiosity and a bit of uncertainty about what the coming days would bring. However, I soon realized that this program was much more than lectures and activities—it was an opportunity to make an impact through knowledge, empathy, and meaningful human connection.

Being the first Ukrainian participant to meet the Korean team and the president, Jinsung Ku, made me feel both nervous and excited. The way everyone eagerly started conversations, even at the airport, was both funny and heartwarming. As time went on and we got to know one another better, a deeper understanding began to form within our community.

One of the most memorable moments was our visit to the Swedish Parliament. Meeting one of the youngest members of parliament showed me that leadership is not defined by age, but by inner strength and vision. After the visit, we returned to our wonderful accommodation at Bommersvik, where we held a workshop to share what had inspired us most during the lecture and what leadership meant to us personally. That discussion became a moment of genuine connection and reflection.

We also followed the advice of Kyosan Ku, Director of the U.S. Branch, who encouraged us to open our hearts, listen deeply, and share sincerely—even with people we had not spoken to much before. He reminded us that true strength lies in vulnerability, and that leadership means creating space for others to be heard. For me, this was an important realization: leadership is not only about speaking, but also about listening and empowering others. Sharing our personal stories built trust and understanding among us.

It was during this time that I heard the story of my fellow participant Chan Ha, who lives on an island where people leave their doors open, help one another freely, and share love and kindness as a natural part of life. His story stayed with me because it reminded me that leadership can be simple yet powerful—it is about building communities based on generosity, openness, and trust. His example inspired me to think about how I could live and lead with the same values.

Another highlight of the Lee Tae Seok Global Leadership School was the guidance we received from Kyosan Ku. His words often came as short but powerful quotes filled with wisdom that I still remember clearly. During the Impact Labs, where we developed social projects designed to create positive change, he guided us with his experience and encouraged us to follow clear principles. He reminded us to focus not only on the tasks themselves but on the deeper purpose behind them—to understand that what we were doing was not just a project, but something created to spread goodness. His advice gave my team and me a sense of direction, especially when we faced challenges in shaping our ideas into something meaningful.

Watching my teammates work thoughtfully—with patience, coordination, and care—left a strong impression on me. Through these sessions, I learned something valuable about myself: I tend to rush toward results and sometimes lack patience. My teammates' example taught me that true leadership requires balance, patience, and trust in the process. This is a skill I still need to develop, but now I have a clearer sense of what kind of patience I want to cultivate within myself.

There were also moments of cultural exchange that touched me deeply. One evening, our Korean friends surprised us by sharing authentic Korean food they had brought with them. It was more than a meal—it was a gesture of friendship. What made it both funny and heartwarming was how much food they had carried all the way just to share it with everyone. Sitting together in the SSU cabins, making ramen, laughing, and tasting new flavors created memories I will always cherish.

Another evening, I joined a gathering where Korean students came together to reflect on an emotionally difficult day—the day we talked deeply about Ukraine. What struck me most was how they gave each person space to speak, listened quietly and respectfully, and held space for everyone's feelings. Even though most of the conversation was in Korean, I could still feel the depth of care and the strong sense of community. Being welcomed into that circle reminded me that leadership is also about empathy—being present with others, even across language and cultural differences. Those moments were among the most meaningful lessons I took away.

Looking back, I see the Lee Tae Seok Global Leadership School as a collection of powerful moments, each leaving a mark on me. President Jinsung Ku, in particular, spoke from his personal experiences—sharing both the challenges and insights of leadership, and reminding us that leaders must often make decisions for the greater good of their teams. His lectures were both intellectually stimulating and spiritually enriching. Even when he spoke about ideas I had heard before, his way of delivering them was unique—filled with sincerity, humility, and wisdom. He shared real stories from his experiences as a teacher and leader and challenged us to ask ourselves: How would I act in a critical situation? His words taught me to learn from others while continuing to teach myself to grow.

I left the Lee Tae Seok Leadership School not only with more knowledge, but with a stronger belief in myself and in the power of community. The Lee Tae Seok Global Leadership School has had a lasting impact on me—shaping how I see leadership, how I see others, and how I see myself. I found reliable friends who support and care for me through all challenges and difficult times.

In my opinion, the Lee Tae Seok Global Leadership School's mission—to shape leaders with empathy, wisdom, and values—is truly inspiring. Through collaboration, we meet people who share our dreams and help us refine them. These experiences are essential for any leader, and the School provided us with real, practical lessons for life.

Thank you for giving me the opportunity to be part of this wonderful global community.

Sincerely, Daria Volovyk

이태석글로벌리더십스쿨에 대한 소감문

다리아 볼로비크
괴텐부르그대학 4학년

올여름, 저는 이태석글로벌리더십스쿨에 참여하는 특별한 기회를 가졌습니다. 그 경험은 제게 도전이자 영감이었으며, 예상치 못한 방식으로 저를 성장시킨 값진 시간이었습니다. 처음에는 설레임과 함께 다가올 일들에 대한 약간의 불확실함도 있었지만, 곧 이 프로그램이 단순한 강의와 활동을 넘어 지식과 공감, 그리고 진정한 인간적 연결을 통해 세상에 긍정적인 영향을 주는 여정임을 깨달았습니다.

우크라이나인으로서는 처음으로 한국 팀과, 그리고 구진성 대표님을 만나는 자리였기에 긴장과 기대가 동시에 밀려왔습니다. 공항에서부터 모두가 서로에게 말을 걸며 분위기를 밝게 이끌던 모습은 정말 따뜻하고 즐거웠습니다. 시간이 지나며 서로를 조금씩 알아가자, 그 안에서 깊은 이해와 진정한 공동체의 감정이 자연스럽게 형성되었습니다.

가장 기억에 남는 순간 중 하나는 스웨덴 국회의사당 방문이었습니다. 젊은 국회의원을 만나면서, 리더십은 나이에서 오는 것이 아니라 내면의 강인함과 비전에서 비롯된다는 것을 배웠습니다. 방문 후에는 아름다운 봄메르스빅 숙소로 돌아와, 그날의 강연에서 가장 인상 깊었던 부분과 리더십이 나에게 어떤 의미로 다가왔는지를 나누는 워크숍을 열었습니다. 그 시간은 단순한 토론을 넘어 서로의 마음을 진심으로 이해한 순간이었습니다.

또한 구교산 미주지부장님의 조언을 따르며, 우리는 마음을 열고 서로의 이야기에 귀 기울이며, 평소 잘 이야기하지 못했던 사람들과도 솔직하게 생각을 나누었습니다. 그는 "진정한 강함은 마음을 여는 데서 온다"고 말씀하셨고, 저는 그 말을 통해 리더십이 단지 말하는 능력이 아니라 타인의 목소리가 들릴 수 있는 공간을 만들어주는 것임을 깨달았습니다. 깊은 생각과 진심을 나누는 과정은 우리 사이에 신뢰와 이해를 더욱 두텁게 쌓아주었습니다.

그때 저는 찬하라는 친구의 이야기를 들었습니다. 그가 사는 섬에서는 사람들의 집에 문이 없고, 서로를 자연스럽게 돕고 사랑을 나누며 살아간다고 했습니다. 그 이야기는 제 마음속에 오래 남았습니다. 리더십은 거창한 것이 아니라, 관대함과 열린 마음으로 공동체를 세워가는 것이라는 메시지를 담고 있었기 때문입니다. 그가 보여준 신뢰의 공동체는, 제가 앞으로 어떤 가치를 가지고 살아가야 할지를 다시 생각하게 만들었습니다.

이태석글로벌리더십스쿨의 또 다른 큰 배움은 구교산 미주지부장님의 멘토링이었습니다.그의 말씀은 짧지만 강한 울림을 가진 지혜의 문장들이었고, 아직도 제 마음에 남아 있습니다. 우리는 임팩트 랩에서 사회적 변화를 위한 프로젝트를 진행했는데,

그는 "단순히 일을 하는 것이 아니라, 선함을 확산하기 위한 뜻으로 일하라"고 조언하셨습니다. 그의 지도는 우리 팀이 방향을 잃을 때마다 핵심 가치와 목적을 다시 바라보게 해주는 나침반이었습니다.

팀원들이 세심한 계획과 협동 속에서 성실하게 일하는 모습을 보며 저는 큰 감명을 받았습니다. 동시에 저 자신에 대해서도 깨달았습니다. 저는 때때로 조급함 때문에 결과를 빨리 보고 싶어 하는 경향이 있었습니다. 하지만 그들의 모습은 리더십이란 인내와 균형, 그리고 과정에 대한 신뢰에서 비롯된다는 사실을 일깨워주었습니다. 아직 제게 부족한 부분이지만, 이제는 어떤 인내를 스스로에게 길러야 하는지 분명히 알게 되었습니다.

문화 교류의 순간들도 참 따뜻했습니다. 어느 날 저녁, 한국 친구들이 직접 가져온 진짜 한국 음식을 나눠주며 우리를 놀라게 했습니다. 단순한 식사가 아니라 우정의 표현이었습니다. 그들이 일주일 동안 함께 나누기 위해 준비해온 음식의 양은 놀라웠고, 우리는 SSU 캐빈에 모여 라면을 끓이며 웃고, 낯선 향신료의 맛을 즐기며 잊지 못할 추억을 만들었습니다.

또 다른 밤에는, 우리가 우크라이나에 대해 깊이 이야기했던 감정적으로 힘든 날을 마치고, 한국 학생들이 모여 서로의 감정을 나누는 시간을 가졌습니다. 저는 그 자리에 함께하며 놀라운 광경을 목격했습니다. 모든 사람이 차례로 발언할 기회를 갖고, 나머지 사람들은 조용히, 진심으로 경청했습니다. 비록 대부분의 대화는 한국어로 이루어졌지만, 그 안에는 분명한 배려와 연대의 마음이 느껴졌습니다. 그 따뜻한 공간에 함께할 수 있었다는 것은 제게 큰 감동이었고, 저는 그때 리더십이란 언어와 문화를 넘어, 타인과 함께 존재하는 공감의 힘임을 배웠습니다.

되돌아보면, 이태석글로벌리더십스쿨은 제 안에 많은 흔적을 남긴 강렬한 순간들의 모음이었습니다. 특히 구진성 대표님의 강의는 깊은 울림을 주었습니다. 그분은 자신의 경험을 바탕으로, 때로는 리더로서 어려운 결정을 내려야 하는 이유와 그 안에 담긴 철학을 들려주셨습니다. 그의 강의는 영적이면서도 지적으로 풍요로웠습니다. 익숙한 주제라도 그분의 전달 방식은 진심과 지혜가 담겨 있었고, "위기 상황에서 나는 어떻게 행동할 것인가?"라는 질문을 던지게 했습니다. 그분의 말씀을 통해 저는 타인에게서 배우고, 동시에 스스로를 성장시키는 리더십의 길을 배웠습니다.

저는 이태석글로벌리더십스쿨을 떠나며 더 많은 지식을 얻었을 뿐 아니라, 자신과 공동체의 힘에 대한 확신을 갖게 되었습니다. 그리고 이태석글로벌리더십스쿨의 경험은 제 시야를 바꾸었습니다. 리더십을 바라보는 관점, 타인을 바라보는 시선, 그리고 제 자신을 바라보는 마음이 모두 달라졌습니다. 무엇보다도 어려운 순간에도 함께해주는 든든한 친구들을 얻었습니다.

저는 이태석글로벌리더십스쿨의 사명, 즉 공감과 지혜, 가치로 리더를 길러내는 일이 얼마나 위대한 목표인지를 실감했습니다. 이 프로그램을 통해 저는 함께 꿈꾸고 서로의 아이디어를 발전시키는 협력의 힘을 배웠습니다. 이런 경험들은 진정한 리더에게 반드시 필요한 자질이며, 이 스쿨은 그것을 실제 삶 속에서 실천할 수 있도록 이끌어 주었습니다.

이 훌륭한 글로벌 공동체의 일원이 될 수 있었던 기회를 진심으로 감사드립니다.

진심을 담아, 다리아 볼로비크

After Attending the Lee Tae Seok Global Leadership School

Kateryna Untilova
University of Malmö

It has been exactly a month since the graduation from the 1st Lee Tae Seok Global Leadership School, and my life has changed drastically in the best way possible because of the experiences and connections I made there. From studying how to be a leader in the lectures and trying to apply those lessons in the Impact Lab, I am now taking an active leadership role in many areas of both my professional and personal life.

I have become the Ukrainian co-leader of the Korean-Ukrainian Cultural Exchange Project, and I take an active leadership role in my university's student community and human rights defense activities.

Since being accepted into this leadership school, it has been a pleasure and a true honor to be part of such a meaningful event. I was looking forward to gaining new experiences, expertise, and connections; learning about South Korean culture, history, and society; and receiving wisdom from inspiring lecturers in historically significant places. But I could never have imagined how deeply this experience would change my life.

I have struggled a lot with pain, uncertainty, isolation, fear, and despair that come with war being right in my home. Despite being in a safe place now, the war still has a huge impact on my life. There are always two realities that I have to balance: one where I am just a teenager with normal worries, studying and working hard for a better future, and one where I am a refugee worrying whether my family and friends will survive and if there will still be a home tomorrow.

War destroys lives in many ways; it brings pain that always stays with you and takes away your hope, meaning, and trust in the future. At the same time, it makes you fight for the people you love and deeply care about. This fight is very hard when you try to reach out to people around the world, doing as much as possible within your power, but things get worse as international support decreases because people grow tired of the war and want us to make peace with those who are constantly killing us, despite any laws, ethics, or common sense.

This leadership school gave me the thing I needed the most — hope. I received so much support and love from people so far away; they showed me that they care and truly want to help me and my people. After all these years, I finally feel heard and seen in my fight. I feel that I have the power to create change myself and make a great positive impact on the world. I finally feel that I am not alone in my struggles. I am surrounded by amazing friends, and together we can and will make the world a better place for all of us.

What impressed and moved me the most about the Lee Tae Seok Global Leadership School were the people. I was touched by how open, lovely, and kind my Korean friends and the Korean team were. I think the moment when I cried during the lecture about Ukraine made us all connect on a much closer and deeper level, even though at that moment it felt incredibly uncomfortable, vulnerable, and weak for me.

We also shared lots of laughter, hugs, and dances. I found my Korean soulmate in Doyeon, had deep talks with many students, and exchanged our feelings and support despite language and cultural barriers.

I learned a lot about Lee Tae Seok Leadership, and I believe that compassion, action, and humble service are essential in such a highly responsible mission as being a leader.

I plan to practice love and service by helping people in need and creating safe spaces for everyone. In my opinion, helping is a cycle of love and care — what you give comes back to you, giving you more energy and passion to continue this cycle and accumulate even more love through your service.

In conclusion, I am very grateful to be part of the Lee Tae Seok Foundation and very excited about many more collaborations to come. I would also like to express my heartfelt gratitude to the leaders of the Lee Tae Seok Foundation.

이태석글로벌리더십스쿨을 마치고

카테리나 운틸로바
말뫼대학교 인권학 전공

이태석글로벌리더십스쿨 1기를 졸업한 지 정확히 한 달이 지났습니다. 그곳에서의 경험과 만남 덕분에 제 삶은 놀랍도록 긍정적인 방향으로 바뀌었습니다. 강의에서 리더로서의 자세를 배우고, 임팩트 랩에서 그 가르침을 실제로 적용해보면서, 저는 지금 제 학업과 개인의 삶 모두에서 적극적인 리더십 역할을 수행하고 있습니다.

현재 저는 한-우크라이나 문화교류 프로젝트의 우크라이나 측 공동리더로 활동하고 있으며, 대학 내 학생 커뮤니티와 인권 옹호 활동에서도 주도적인 역할을 맡고 있습니다.

이 리더십스쿨에 선발된 순간부터, 저는 이 뜻깊은 프로그램의 일원이 될 수 있다는 것 자체가 큰 기쁨이자 진정한 영광이었습니다. 저는 새로운 경험과 지식을 얻고, 다양한 사람들과 교류하며, 한국의 문화·역사·사회를 배우고, 역사적으로 의미 있는 장소에서 영감을 주는 강연자들에게서 지혜를 얻는 것을 기대했습니다. 그러나 이 경험이 제 삶을 이렇게 깊이 변화시킬 것이라고는 상상하지 못했습니다.

저는 오랫동안 전쟁으로 인한 고통, 불확실성, 고립, 두려움,

그리고 절망 속에서 살아왔습니다. 지금은 비교적 안전한 곳에 있지만, 전쟁은 여전히 제 삶에 큰 영향을 미칩니다. 저는 언제나 두 개의 현실 사이에서 균형을 잡아야 합니다. 하나는 평범한 10대로서 공부하고 더 나은 미래를 위해 노력하는 현실이고, 다른 하나는 난민으로서 가족과 친구들이 내일도 살아 있을지, 내 집이 남아 있을지 걱정해야 하는 현실입니다.

전쟁은 삶을 수많은 방식으로 파괴합니다. 그 고통은 결코 사라지지 않으며, 희망과 의미, 그리고 미래에 대한 신뢰를 앗아갑니다. 하지만 동시에, 사랑하고 소중히 여기는 사람들을 지키기 위해 싸우게 만듭니다. 이 싸움은 너무나 어렵습니다. 전 세계 사람들에게 도움을 요청하고, 내가 할 수 있는 모든 일을 다하지만 국제사회의 관심은 점점 줄어들고, 사람들은 전쟁에 피로감을 느끼며 "그들과 평화롭게 지내라"고 말합니다. 하지만 그 "그들"은 여전히 우리를 죽이고 있습니다 —법도, 윤리도, 상식도 없는 채로 말입니다.

그런 가운데, 이 리더십스쿨은 제게 가장 필요한 것 — 희망을 주었습니다. 멀리 떨어진 한국의 사람들로부터 따뜻한 지지와 사랑을 받았습니다. 그들은 저와 제 국민을 진심으로 걱정하고, 진정으로 도우려는 마음을 보여주었습니다. 오랜 세월 동안 저는 드디어 느꼈습니다 —내 목소리가 들리고, 내 싸움이 보이고 있다는 것을. 이제 저는 세상을 변화시킬 수 있는 힘이 제 안에도 있음을 믿습니다. 그리고 더 이상 혼자가 아니라는 것도 압니다. 이제 저는 놀라운 친구들로 둘러싸여 있으며, 우리 모두 함께라면 세상을 더 나은 곳으로 만들 수 있다고 확신합니다.

　이태석글로벌리더십스쿨에서 저를 가장 감동시킨 것은 사람들이었습니다. 저는 한국 친구들과 한국팀의 따뜻함, 개방적인 태도, 그리고 진심 어린 친절함에 깊이 감동했습니다. 특히 우크라이나에 대한 강연 중 제가 눈물을 흘렸던 순간, 그때는 너무나 불편하고 약하게 느껴졌지만, 그 순간을 계기로 우리는 훨씬 더 깊고 진실된 관계로 이어졌습니다.

　우리는 함께 많이 웃고, 포옹하고, 춤을 추었습니다. 저는 도연이라는 한국 친구와 깊은 인연을 맺었고, 많은 학생들과 진심 어린 대화를 나누며, 언어와 문화의 장벽을 넘어 서로의 감정과 지지를 교환했습니다.

　저는 이태석리더십에 대해 많은 것을 배웠습니다. 그리고 리더란 연민, 실천, 그리고 겸손한 섬김을 갖춘 존재임을 깨달았습니다. 앞으로 저는 사랑과 봉사의 정신으로 도움이 필요한 사람들을 돕고, 모두가 안전하다고 느낄 수 있는 공간을 만들어 나가고자 합니다. 저는 '돕는다는 것'이 곧 사랑과 돌봄의 순환이라고 믿습니다. 내가 베푼 사랑은 결국 다시 나에게 돌아와 더 큰 에너지와 열정을 주며, 그 순환 속에서 우리는 더 많은 사랑을 쌓아가게 됩니다.

　마지막으로, 저는 이태석재단의 일원이 될 수 있었던 것에 깊이 감사드리며, 앞으로 재단과 함께하게 될 더 많은 협력과 활동들을 기대하고 있습니다. 그리고 이 모든 기회를 열어주신 이태석재단의 리더분들께 진심 어린 감사를 드립니다.

The Heart of Ukraine Has Started Beating Again!

Kyrylo Syzonenko
Donbas, Ukraine

Hello! My name is Kyrylo Syzonenko, and I am an 18-year-old student from Donbas region of Ukraine. This summer program completely changed the way I think about leadership.

How I changed before and after the program

Before this program, I thought that leaders had to be older and have many years of experience. But after listening to Amanda Lindblad, who became the mayor of her town in her early 30s, I realized that leadership can begin early. I now feel more confident that my ideas and voice matter, even at my age.

I also used to believe that I needed to be perfect and never make mistakes. Ann Linde showed me that even experienced diplomats face extremely challenging negotiations. Her story gave me the courage to accept that being a good leader doesn't mean being flawless — it means learning and growing through mistakes.

All of the lectures were inspiring, but Ann Linde's talk on diplomacy moved me the most. As a politian, when she spoke about negotiating with aggressive leaders like Russian Foreign Minister Lavrov, I felt that she truly understood what we are going through. Her story about staying calm when Lavrov tried to diminish her — "My dear Sergey, I know exactly what I'm talking about, but I don't agree with you" — showed me how to remain strong while keeping dignity and control.

Her message that "diplomacy is the first line of defense" and "you cannot do nothing" gave me hope that international cooperation can work, even in dark times.

The most touching moment was when Ann Linde said, "There will be peace," referring to current conflicts, including Ukraine. She shared historical examples like the end of apartheid in South Africa, showing that even situations that seem impossible can eventually change. Her words gave me hope for my homeland.

One of the most unexpected experiences was Mogens Godballe's Danish folk school lecture, where he had us sung Beatles song and done the light physical exercises together in class — something completely different from the formal and strict education style we have in Ukraine!

This program taught me that leadership is not about being the loudest voice in the room. It's about preparation, building meaningful relationships, and staying true to your values while thinking strategically. I learned that to be an effective leader, you must know what you want, stay focused, and be ready to work hard for it.

The international aspect of this program was also invaluable. Meeting students from South Korea and listening to Swedish lecturers showed me that challenges are universal — but so are the opportunities to make positive change.

Inspired by these leaders, I want to start small in my

own community — perhaps by organizing volunteer activities with other students or by joining international cooperation projects, as Ann Linde suggested.

I learned that serving others often means making difficult decisions and understanding that not everyone will agree with or appreciate your choices.

Thank you for this amazing experience. The lessons I learned here will guide and inspire me throughout my leadership journey.

Best regards,
Kyrylo Syzonenko

우크라이나의 심장이 다시 뛰기 시작했다!

키릴로 시조넨코
우크라이나 돈바스 출신

안녕하세요! 저는 우크라이나 돈바스 지역 출신의 18세 학생, 키릴로 시조넨코입니다. 이번 여름 프로그램은 제 리더십에 대한 생각을 완전히 바꿔놓은 특별한 경험이었습니다.

이 프로그램에 참여하기 전까지 저는 리더란 항상 나이가 많고 오랜 경험을 쌓은 사람이라고 생각했습니다. 하지만 30대 초반에 고향의 시장이 된 아만다 린드블라드의 강연을 들으며, 리더십은 언제든 시작될 수 있으며 나이와는 상관이 없다는 사실을 깨달았습니다. 이제 저는 제 생각과 목소리에도 충분한 의미와 가치가 있다는 자신감을 갖게 되었습니다.

또한 예전에는 리더가 되려면 완벽해야 하고 실수를 해서는 안 된다고 생각했습니다. 그러나 앤 린데의 강연을 들으며, 경험 많은 외교관조차도 매우 어려운 협상에 직면한다는 것을 알게 되었습니다. 그녀의 이야기를 통해 저는 좋은 리더가 된다는 것은 완벽함이 아니라, 실수를 통해 배우고 성장하는 것이라는 용기를 얻었습니다.

모든 강의가 훌륭했지만, 그중에서도 앤 린데의 외교에 관한 강연이 제 마음을 가장 깊이 움직였습니다. 정치인으로서, 그녀가 러시아 외무장관 라브로프와 같은 공격적인 지도자들과의 협상을 이야기할 때, 그녀가 우리가 겪는 현실을 진심으로 이해하고 있다는 것을 느꼈습니다. 라브로프가 그녀를 깎아내리려 했을 때, 그녀는 이렇게 말했습니다.

"친애하는 세르게이, 제가 무슨 말을 하는지 정확히 알고 있습니다. 하지만 당신의 말에는 동의할 수 없습니다."

그녀의 이 말은 품격과 통제력을 잃지 않으면서도 강인함을 유지하는 리더십이 무엇인지 보여주었습니다. 또한 "외교는 첫 번째 방어선이다", "아무것도 하지 않는다는 것은 선택지가 아니다"라는 그녀의 메시지는 가장 어두운 시기에도 국제 협력이 희망이 될 수 있다는 믿음을 제게 심어주었습니다.

가장 마음이 뭉클했던 순간은 앤 린데가 "평화는 반드시 찾아올 것이다"라고 말했을 때였습니다. 그녀는 남아프리카공화국의 아파르트헤이트(인종차별 정책) 종식 같은 역사적 사례를 들어, 아무리 불가능해 보이는 상황이라도 결국 변화할 수 있다는 희망을 보여주었습니다. 그녀의 말은 제 조국 우크라이나를 향한 희망의 불씨를 다시 되살려 주었습니다.

가장 예상치 못한 경험은 덴마크의 모흔스 고드발레 교수님의 강의였습니다. 그는 우리에게 비틀즈 노래를 함께 부르게 하고, 수업 중에 가벼운 체조를 하게 했습니다. 이런 자유롭고 따뜻한 분위기는 형식적이고 엄격한 우크라이나식 교육과는 전혀 달라서 놀라웠고 신선했습니다.

이 프로그램을 통해 저는 리더십이 가장 큰 목소리를 내는 사람에게 있는 것이 아니라는 것을 배웠습니다. 진정한 리더십은 철저한 준비, 신뢰 관계의 구축, 그리고 전략적 사고 속에서도 자신의 가치에 충실함에 있습니다. 좋은 리더가 되기 위해서는 무엇을 원하는지 분명히 알고, 집중하며, 그것을 위해 꾸준히 노력해야 한다는 것도 배웠습니다.

또한 이 프로그램이 가진 국제적 관점은 제게 매우 소중했습니다. 한국 학생들과 교류하고, 스웨덴 강사들의 강연을 들으며 세상 어디서나 도전은 존재하지만, 동시에 긍정적인 변화를 만들어갈 기회도 존재한다는 것을 깨달았습니다.

이번에 만난 리더들에게서 깊은 영감을 받아, 저는 제 지역사회에서 작은 일부터 시작하려 합니다. 학생들과 함께 봉사활동을 기획하거나, 앤 린데가 제안한 국제 협력 프로젝트에 참여하고 싶습니다. 저는 이제 다른 사람을 섬긴다는 것은 때로 어려운 결정을 내리는 것이며, 모든 사람이 그 결정을 이해하거나 기뻐하지 않을 수도 있다는 것을 배웠습니다.

이번 놀라운 경험에 진심으로 감사드립니다. 이곳에서 배운 교훈들은 앞으로 제가 리더의 길을 걸어가는 동안, 평생의 나침반이자 영감의 원천이 될 것입니다.

Encounter with Korean Students

Viktoriia Antiuk
Utrecht University

Hi! I hope this email finds you well. Apologies for the delay. Kindly find below my reflections regarding the Lee Tae Seok Global Leadership School.

1. How I changed before and after the program

I wouldn't say that the program completely changed me, but rather that it reaffirmed what I already believed. It strengthened my conviction that compassion and understanding must be the starting point if we want to create a better world for everyone. These values are universal — they transcend cultural differences and help bridge misunderstandings.

My interactions with South Korean students and staff further reinforced this belief, showing me firsthand how shared human values can connect us across borders.

2. The most impressive lecture

I was most impressed by the lecture given by Amanda Lindblad. I have never seen such an engaging and compassionate facilitator, and I do think that I have attended quite a few lectures and workshops on leadership.

The way she opened up and shared her personal experiences with us — students she had never met before — amazes me to this day. I also believe that the topics she raised are of paramount importance, especially given that, in general, we do not talk enough about the challenges women face in male-dominated fields.

It is very hard to prove your credibility, and I think Amanda highlighted these issues beautifully, making all of us self-reflect on our own behavior toward one another.

3. Moments that touched me the most

The lecture by Amanda Lindblad and the way Korean students showed deep compassion about the war in Ukraine touched me profoundly. This just proves my point highlighted above — irrespective of cultural differences, the most important thing is to care for others and show support.

4. Thoughts about Lee Tae Seok Leadership

I believe that if everyone were to follow the main pillars of Lee Tae Seok Leadership — love, service, kindness, and compassion — we would live in a world free from bloodshed and war.

5. How I plan to practice Lee Tae Seok Leadership

I feel that these values have always been a part of me, because I have always tried to approach others with compassion and respect, regardless of their social status, race, or any other "labels" society tends to put on us.

We are all people, and we are all equal.

Best regards,
Viktoriia Antiuk

한국 학생들과의 만남

빅토리아 안티우크 (Viktoriia Antiuk)
우트레흐트대학교 (Utrecht University)

안녕하세요! 잘 지내고 계시길 바랍니다. 답장이 늦어진 점 양해 부탁드립니다. 아래는 제가 스웨덴에서 열린 이태석글로벌리더십스쿨에 참여한 뒤 느낀 점입니다.

1. 프로그램 전과 후의 나의 변화

이 프로그램이 저를 완전히 바꾸었다기보다는, 제가 이미 믿고 있던 신념을 다시 확인시켜 주었다고 생각합니다. 모두에게 더 나은 세상을 만들기 위해서는 연민과 이해가 출발점이 되어야 한다는 제 확신이 한층 더 강해졌습니다. 이러한 가치들은 보편적이며, 문화적 차이를 넘어 서로의 오해를 잇는 다리가 되어줍니다.

한국 학생들과 스태프들과의 교류는 이러한 믿음을 더욱 굳게 해주었습니다. 그들과 직접 대화하고 함께 시간을 보내면서, 공통된 인간의 가치가 국경을 넘어 사람을 연결할 수 있다는 사실을 몸소 느꼈습니다.

2. 가장 인상 깊었던 강의

저에게 가장 깊은 인상을 남긴 강의는 '아만다 린드블라드(Amanda Lindblad)'의 강의였습니다. 저는 리더십에 관한 여러 강연과 워크숍에 참여해본 적이 많지만, 그녀처럼 진심으로 소통하며 따뜻하게 이끄는 강연자는 처음이었습니다.

처음 만난 학생들 앞에서 자신의 경험을 솔직하게 나누는 그녀의 모습은 지금까지도 제게 큰 감동으로 남아 있습니다. 또한 그녀가 다룬 주제는 매우 중요하다고 생각합니다. 우리는 일반적으로 남성이 주도하는 분야에서 여성들이 겪는 어려움에 대해 충분히 이야기하지 않습니다. 자신의 역량을 증명하는 것은 매우 힘든 일인데, 아만다는 이러한 문제를 탁월하게 짚어주었고, 그 덕분에 우리 모두가 서로에 대한 태도와 행동을 스스로 돌아보게 되었습니다.

3. 가장 마음에 남은 순간

아만다 린드블라드의 강의와 더불어, 한국 학생들이 우크라이나 전쟁에 대해 보여준 깊은 연민과 공감이 제 마음을 가장 크게 울렸습니다. 그 경험은 위에서 언급한 제 생각을 다시금 증명했습니다. 문화적 차이를 넘어, 타인을 향한 관심과 지지야말로 가장 중요한 가치임을 보여주었기 때문입니다.

4. 이태석 리더십에 대한 생각

모든 사람이 이태석 리더십의 핵심 가치 — 사랑, 봉사, 친절, 그리고 연민 —을 따르며 살아간다면, 이 세상에는 더 이상 피 흘림이나 전쟁이 없는 평화로운 세상이 될 것이라고 믿습니다.

5. 앞으로 이태석 리더십을 실천하는 방법

저는 이러한 가치들이 이미 제 안에 자리하고 있었다고 생각합니다. 저는 언제나 타인의 사회적 지위, 인종, 혹은 세상이 부여한 어떤 "꼬리표"와 상관없이, 모든 사람을 연민과 존중의 마음으로 대하려고 노력해왔습니다.

우리는 모두 사람이며, 모두가 평등합니다.

감사합니다. 이 귀중한 경험을 통해 배운 모든 것은 제 인생의 방향과 리더십의 여정을 이끌어주는 영원한 나침반이 될 것입니다.

트럼펫 부는 법을 가르쳐주는 이태석 신부님

2025년 이태석리더십스쿨 남수단봉사단 2기의 남수단 톤즈 방문

임팩트 랩을 마치고

마지막날 밤 모두 모여서

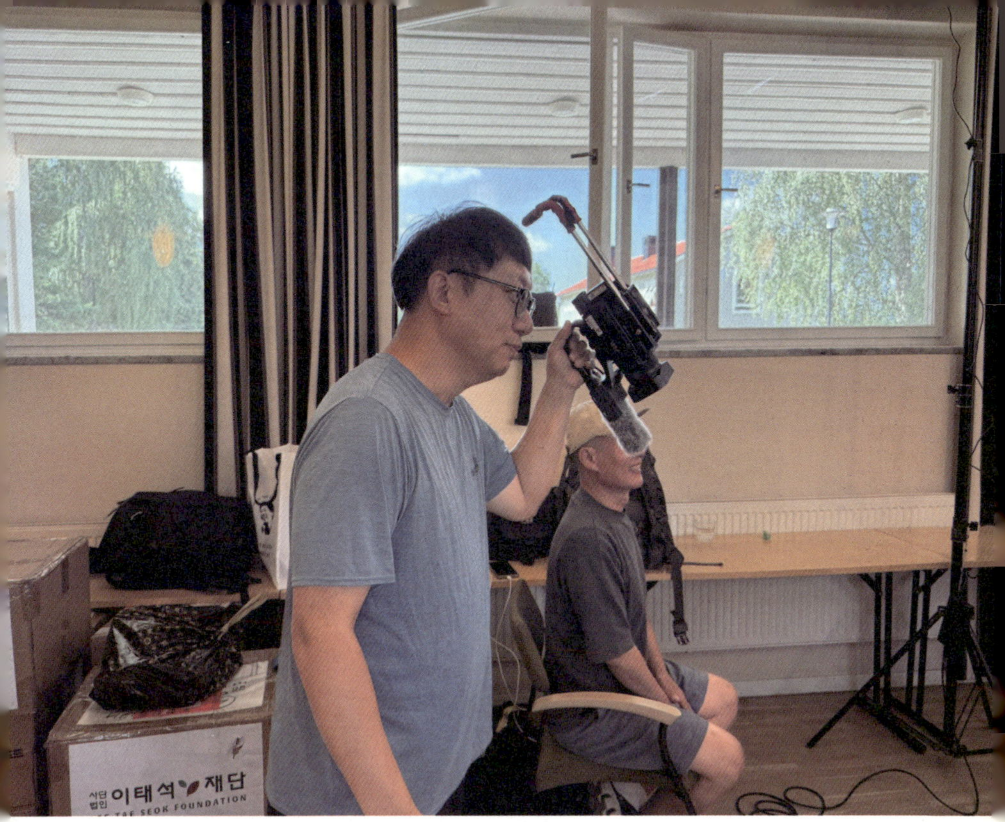

이강윤 촬영감독

한국에서 열리는 이태석리더십스쿨 수업

인천공항 출발 전 이태석리더십아카데미 장학증서를 전달하는 구수환 이사장

강의에 집중하는 학생들   봄메르스빅 숙소

올레 토렐 의원의 아들 닐스와 인사하는 조정관 촬영감독   김종갑 청년국장